Y0-BVP-190

TEXTES LITTERAIRES

Collection dirigée par Keith Cameron

LXIII

STRATONICE

PHILIPPE QUINAULT

Philippe QUINAULT

STRATONICE

Edition critique

par

E. Dubois

University of Exeter
1987

First published 1987 by

the University of Exeter

Exeter University Publications
Reed Hall
Streatham Drive
Exeter EX4 4QR
England

ISBN 0 85989 203 4

ISSN 0309-6998

March 1987

Printed in Great Britain by A. Wheaton & Co. Ltd, Exeter

INTRODUCTION

PHILIPPE QUINAULT : VIE

entre le grand Corneille vieillissant et
la jeunesse encore ignorée de Racine
(La Harpe, *Cours de littérature,*
Siècle de Louis XIV)

Philippe Quinault (1635–1688), fils d'un boulanger de Paris(1) fit d'abord ses études d'avocat. Il débuta sous l'égide de Tristan dont il commença par être le valet. Grâce à lui il entra comme gentilhomme auprès de M. de Guise. Il se tourna vers la tragi-comédie dans la décade du milieu du siècle, alors qu'il fréquentait les cercles précieux. Il s'inspirait de ce courant dans ses pièces et en empruntait certains sujets, tels *La Mort de Cyrus* tragédie de 1658–9, et *Astrate*, 1664–5, au roman de Mlle de Scudéry. Il se maria en 1660, continua à écrire pour la scène, mais fit en même temps carrière dans le monde. La fortune de sa femme lui permit d'acheter une charge de valet de chambre ordinaire de Sa Majesté. Il figure sur la liste des pensionnaires de 1664, remporta un succès considérable avec *Astrate*. Il entra à l'Académie française en 1670. Sa dernière tragédie, *Bellérophon*, date de 1671. Cette année-là il acquit la charge d'auditeur à la Chambre des Comptes. Dorénavant Quinault devait collaborer avec Lulli qui "avait le soin et le talent de mener le poète par la main", selon Lecerf de la Viéville. Des *Fêtes de l'Amour et de Bacchus* de 1672 à *Armide* en 1686 Quinault composa les livrets d'une douzaine d'opéras. C'est à ce titre que sa renommée dure jusqu'à nos jours. Il renonça au théâtre ("Je vous dis adieu Muse tendre ...") en 1686, par scrupules pour pratiquer un art que l'Eglise condamnait. Dangeau note à la mort de Quinault (26 novembre 1688) qu'il "s'était mis depuis deux ans dans une grande dévotion". La faveur du roi lui resta fidèle jusqu'à la fin(2). Voici donc un auteur qui a eu un succès considérable de dramaturge (et de librettiste) au dix-septième siècle et que seuls les spécialistes connaissent aujourd'hui. Il avait su captiver le public en entrant dans

(1) Furetière écrivait en 1686 *(Factums)*:
Le sieur Quinault a quelque mérite personnel; c'est la meilleure *pâte* d'homme que Dieu ait faite. Il oublie généreusement les outrages qu'il a soufferts de ses ennemis, et il ne lui reste aucun *levain* sur le cœur ... Il a eu quatre ou cinq cents mots de la langue pour son partage, qu'il *blutte*, qu'il *ressasse* et qu'il *pétrit* du mieux qu'il peut. ...

(2) Vie de Quinault, édition du *Théâtre*, 1715, signée Bo*** Vie manuscrite :B.N. ms FFr 24329, fol. 33, Ms FFr 12528 fol. 457.
La bibliographie imprimée présumée écrite par Boffrand (neveu du poète), est en fait due à Boscheron, tout comme celle restée en manuscrit. W. S. Brooks, "Boffrand, Boscheron and Biographies of Quinault" in *Nottingham French Studies*, 16, 1977, pp. 19–28.

son goût, à la fois pour les vicissitudes d'une intrigue d'amour, complexe et qui frôle l'échec, et pour l'intrigue de Cour, portée par l'ambition. Si le roman précieux a tenu les lecteurs en haleine à travers maint volume avant de se réjouir de la réunion des amants, Quinault a joué le même jeu sur le raccourci des planches par le moyen direct des dialogues vivants. Il a exploité le langage précieux dans la forme rigide d'une pièce structurée, serrée et équilibrée, où le public pouvait se reconnaître, à travers cette transposition, comme dans un miroir.

Nous avons pensé éditer cette tragi-comédie ou tragédie galante, afin qu'on puisse reprendre connaissance avec ce genre à la mode au milieu du siècle et qui incarnait les goûts d'un moment. Ce moment de transition entre l'héroïsme de Corneille et les passions tragiques de Racine; il a sa valeur propre d'analyse introspective, de conflits de sentiments, dans un langage à la fois mondain et maîtrisé. Ce côté du talent de Quinault mérite d'être mis à nouveau en valeur.

GENRE : LA TRAGI-COMEDIE

Stratonice se situe, comme les autres tragi-comédies de Quinault, dans le renouveau du genre après la Fronde dont le *Timocrate* de Thomas Corneille fut le modèle: déguisement, double identité, et surtout une intrigue d'amour au centre de la pièce, souvent liée à un héros couvert de gloire. Un certain intérêt politique en fait l'arrière-fond. Ce renouveau coïncide avec la vogue des interminables romans aux sujets semblables. Chappuzeau(3) la définit :

> La Tragi-Comedie nous met devant les yeux de nobles avantures entre d'Illustres personnes menacées de quelque grande infortune, qui se trouve suivie d'un heureux evenement.

Le genre date de la seconde moitié du seizième siècle et réussit pleinement dans les premières décades du dix-septième siècle. (4) Dans les années soixante la tragi-comédie perd de sa faveur, alors que le public se tourne vers Molière et Racine. Aucune tragi-comédie n'est jouée à l'Hôtel de Bourgogne après 1666.

(3) *Le Théatre François*, 1674.

(4) G. Brereton, *French Tragic Drama in the Sixteenth and Seventeenth Centuries*, 1973, chap. 9, "Romanesque Tragedy : Thomas Corneille and Quinault"; J. Truchet, *La Tragédie classique en France*, 1975, chap. "Inflexions"; R. Guichemerre, *La Tragi-comédie*, 1981.

On pourrait grouper les sept tragi-comédies de Quinault selon leur aspect dominant, en “romanesques”, les trois premières, avec la pastorale où fourmillent les événements les plus variés et les plus surprenants. Viennent ensuite les tragi-comédies historiques ou du moins qui s'appuient sur des faits et des personnages puisés dans l'histoire ancienne. Pour les tragi-comédies romanesques Quinault cherchait ses sujets dans le théâtre espagnol. Là, comme pour les sujets historiques, Quinault s'en sert librement, quitte à modifier les données et les personnages selon le besoin de ses conceptions du théâtre. Il est à l'affût du goût de son public; il pratiquait exactement ce que Corneille dans son “Au Lecteur” de la *Sophonisbe* voulait éviter:

> ... de m'entendre louer d'avoir efféminé mes héros par une docte et sublime complaisance au goût de nos délicats, qui veulent de l'amour partout ...

et il se fit applaudir.

Quinault commence par une tragi-comédie pastorale, ou peut-être un pastiche du genre, dans un cadre exotique (Alger), *La Généreuse Ingratitude* (1654). Il y présente, dans une série de malentendus, une chaîne d'amants, dont deux déguisés, d'où finissent par sortir les deux couples de vrais amoureux. Dès cette pièce l'éthique amoureuse s'annonce: “Je suis né pour languir, et pour mourir pour elle”, déclare l'amant.

La première véritable tragi-comédie, *Les Coups de l'Amour et de la Fortune*, représentée en 1655, est empruntée à Calderon (*Lances de Amor y Fortuna*), et à la pièce du même titre de Boisrobert. Il s'agit, comme toujours, d'un amour contrarié, par la fourberie d'un rival et la “guerre mortelle” entre deux sœurs jalouses. Le malentendu entre les vrais amants est prolongé jusqu'au dernier acte. La fourberie une fois découverte, les amants sont réunis, et l'héroïne fait un geste de générosité envers sa sœur, qui l'avait fait souffrir. Ainsi se révèle un certain schéma de la tragi-comédie de Quinault: l'élément tragique concernant les protagonistes se prolonge à travers la pièce pour se résoudre au dernier moment en un acte de générosité.

La tragi-comédie suivante, *Le Fantôme amoureux*, représentée en juin/juillet 1656, est encore empruntée à Calderon (*El galan fantasma*). Pièce romanesque ou baroque, si l'on veut, échec sur la scène mais succès de librairie, elle présente deux couples dont l'amour est contrarié par un père inhumain et un rival respectivement. L'amant se transforme en fantôme et rend ainsi son identité incertaine. Un aveu et un acte de justice d'un rival résolvent cette intrigue romanesque à souhait en une double union.

Avec *Amalasonte*, 1657, Quinault se tourne vers l'histoire ancienne. Nous nous trouvons au sixième siècle, dans le royaume des Goths; Amalasonte, fille de Théodoric, figurait déjà , transformée, parmi *Les Femmes illustres* de Scudéry (1632). Sur un arrière-fond politique, en réalité d'extrême férocité, Quinault construit une intrigue d'amour et de jalousie qui sépare le couple, Théodat et Amalasonte. Des moyens extrêmes, attentat et lettre empoisonnée, tiennent la pièce en suspens, mais qui se termine par la réunion du couple. Thomas Corneille devait reprendre le même sujet en 1672 sous le titre de *Théodat* pour en faire une tragédie.

Pour *Le Feint Alcibiade* 1658, tragi-comédie de déguisement, Quinault cherche son sujet dans Plutarque (version d'Amyot), comme il le fera ensuite pour *Stratonice.* Cléone, déguisée en son frère Alcibiade (invention de Quinault), vient chercher son amant infidèle Lysandre à la cour du roi Agis; des rivalités politiques et des sentiments amoureux ambigus et impossibles grâce à ce déguisement s'y développent. Le véritable sexe de l'héroïne finit par être déclaré et elle sera unie à Lysandre. La politique reste à l'arrière-plan, mais Quinault exprime une opinion courante à l'époque: "Nous sommes à nos Rois avant d'être à nous-mêmes".

Pour *Le Mariage de Cambyse*, 1659, Quinault a cherché dans Hérodote un sujet, ou seulement des noms, dans l'histoire de la Perse, pour en faire une situation ambiguë. Deux couples d'amoureux qui se croient frères et sœurs sans cesser de s'aimer finissent par découvrir qu'il n'y a pas de lien de parenté entre eux. L'intrigue repose sur une substitution d'enfants et le dénouement se fait par une reconnaissance. Quinault a donc embelli une situation historique scabreuse selon la conception des bienséances.

Après *Stratonice*, Quinault dans *Agrippa, roi d'Albe ou le faux Tibérinus*, 1662, fondée sur deux lignes de Tite-Live, exploite la formule de *Timocrate.* Agrippa règne sous le nom de Tibérinus, grâce à leur ressemblance. La substitution des enfants est longtemps niée par le père; une intrigue d'amour où la haine initiale se transforme en amour finit par réunir le couple quand le héros reprend sa vraie identité. C'est la dernière tragi-comédie de Quinault qui se tourne ensuite vers d'autres genres. Notre pièce se rattache par bien des aspects aux autres tragi-comédies.

* * *

STRATONICE

analyse subtile de sentiments subtils
(Gros)

LES SOURCES

Quinault a cherché le sujet de la pièce dans les reécits de trois historiens anciens, Valère-Maxime, Plutarque, et Appien(5). Ils racontent l'histoire d'Antiochus, amoureux de sa belle-mère, femme de son père Séleucus, roi de Syrie. Il dissimule sa passion coupable et en tombe malade. C'est le médecin Erasistrate, en observant la réaction du jeune homme en présence de Stratonice, qui en fait le rapport au roi et met sa générosité à l'épreuve. Séleucus est prêt à sauver la vie de son fils, et, selon Plutarque, "avoit proposé et arresté de couronner son fils Antiochus roy des haultes provinces de l'Asie, et Stratonice reyne, pour les marier ensemble ..." Stratonice y consent "pour le bien universel du royaume". Comme tous les auteurs dramatiques du siècle Quinault arrange ces données selon les besoins de la structure dramatique et les exigences des bienséances.

LE SUJET

Il se présente en deux mouvements: un fils amoureux de sa belle-mère (où, modifié, la fiancée de son père), un père rival de son fils. Double rivalité, d'abord sur le plan des sentiments, car en un premier temps le père et le fils sont amoureux de Barsine (vv. 353/4, 372), et ensuite sur le plan des mariages arrangés, où l'intérêt d'Etat se heurte aux sentiments. Le dénouement se fait par le sacrifice du père. Dès le premier acte Séleucus y fait allusion: "Qu'on peut ceder plustost un Empire qu'un cœur" (v. 220).

(5) *Les DiX livres de Valere le Grand contenans les exemples des faits et des dits memorables* par I. Le Blond, Rouen, 1615. (Valère Maxime traduit en français par le Sr de Claveret , 1647), chap. "De l'affection indulgente des peres et des meres envers leurs enfans". Plutarque, *Les vies des hommes illustres*, traduction d'Amyot, 1559, chap. sur Demetrius. Appien, *Des guerres des Romains*, traduction de Seyssel, 1557, chap. "De la guerre Syriaque".

La rivalité entre un père et son fils pour l'amour d'une femme se trouve chez Mairet, *Chryséide et Arimant*, 1630, et chez Auvray, *Dorinde*, 1631. Dans l'une et l'autre pièce c'est le père qui renonce à celle qu'aime son fils. Il en est de même chez Gilbert, *Marguerite de France*, 1640, où la générosité de Henry II, roi d'Angleterre, est soutenue par la maîtrise de soi-même.

Le sujet précis de Stratonice se trouve déjà dans le troisième acte de *Le Triomphe des Cinq Passions*, 1642, de Gillet de la Tessonnerie; il retient le personnage du médecin et met sur la scène Antiochus qui languit sur son lit. Malade d'amour il confesse sa passion à Stratonice sa belle-mère qui blâme ce sentiment malhonnête. Lorsque son père est averti de la "maladie" de son fils par le médecin, Antiochus se suicide pour le "seul regret d'avoir eu de l'amour".

Ce dénouement tragique reste pourtant isolé; le geste de générosité revient dans la pièce de Brosse, *La Stratonice ou le Malade d'Amour*, 1644, coup d'essai de son auteur. Là aussi le médecin découvre la maladie d'Antiochus, et Séleucus, non sans quelque hésitation, cède Stratonice, sa fiancée, à son fils; il épouse la princesse Thamire, d'abord éprise d'Antiochus. Ce nouveau personnage, non historique, a probablement servi à Quinault pour Barsine.

Enfin Du Fayot, dans *La Nouvelle Stratonice*, 1657, revient à la situation initiale du prince Antiochus qui aime sa belle-mère. Le médecin fait le diagnostic et en informe le roi; celui-ci décide de divorcer sa femme et de la marier à son fils.

Quinault devait connaître ces pièces et y fait des emprunts. Il introduit un fait nouveau: Séleucus n'aime pas Stratonice.

Alors que plusieurs pièces traitant le sujet de Stratonice et d'Antiochus avaient déjà paru, d'Aubignac(6) déconseilla ce sujet aux auteurs dramatiques:

> Il ne faut pas s'imaginer que toutes les belles histoires puissent heureusement paroistre sur la Scéne...Et ce fut l'advis que je donnoy à celuy qui vouloit travailler sur *les Amours de Stratonice et d'Antiochus*: car le seul incident considerable, est l'adresse du Medecin...Et j'estime qu'il est tres difficile de faire un Poëme Dramatique, dont le Heros soit toûjours au lict, ny de representer cette circonstance; et qu'il y a peu de moiens de la changer en telle sorte que l'on pût conserver les agrémens; outre que le temps et le lieu de la scene seroient tres difficiles à rencontrer; car si Antiochus est encore au lict le matin, il faudra bien travailler pour le faire

(6) *Pratique du théâtre*, II/1, "Du sujet"; d'Aubignac aurait déconseillé le sujet de Stratonice à Brosse pour des raisons de bienséance (Guichemerre, *op. cit.* p. 143).

> agir dans le même jour. De mettre aussi la Scéne dans la chambre d'un Malade, ou devant sa porte, cela ne seroit guere raisonnable.

Quinault aurait-il compris cette difficulté et pour cette raison éliminé le rôle du médecin et changé la représentation de la maladie?

Le premier décembre 1659 Thomas Corneille écrivait,

> J'ai cru devoir abandonner le sujet de Stratonice qui me plaisoit fort, seulement à cause que Mr Quinault étoit plus avancé de 200 vers que moi...

Il y revint six ans plus tard, en 1666, suivant ses prédécesseurs, en donnant à Antiochus,

> le caractère de ce profond respect qui l'empêche de recevoir personne dans sa confidence, et le fit résoudre à mourir plutôt ... qu'à chercher quelque secours, en déclarant une passion qu'il voyait trop condamnable pour ne la détester pas lui-même.

Tout comme Quinault, Thomas Corneille esquive la vérité historique en faisant de Stratonice la fiancée du roi, pour suivre "l'usage de nos mœurs". Celle-ci obéit à un intérêt d'Etat en épousant le roi. Le stratagème employé pour découvrir l'amour d'Antiochus et de Stratonice est entre les mains d'Arsinoë qui remplace le rôle du médecin. Elle substitue son portrait à celui de Stratonice, et dans la situation embrouillée qui s'ensuit, elle révèle au roi la vérité; sur quoi Séleucus réunit les amants et couronne son fils. Comparant les pièces de Corneille et de Quinault, D. A. Collins(7) suggère que l'amour malheureux est débilitant pour celui qui en est la victime. Collins attribue une certaine originalité à Quinault, pour avoir représenté les manifestations extérieures de l'amour avant Racine ("before Racine's hot blooded heroines reached the stage"), alors que Quinault ne fait là que reprendre les données historiques. Mais s'il a ainsi utilisé les données historiques il en a fait une pièce d'une structure que nous appelons aujourd'hui classique.

---

(7) *Thomas Corneille, Protean Dramatist*, 1966.

STRUCTURE

L'unité du lieu est maintenue à travers la pièce, elle se joue "dans Antioche", (avec une allusion à l'Oronte, fleuve de la Syrie; v. 1262), de même celle du temps (vv. 416–7): le mariage doit se faire dans la soirée de ce jour. L'action est simple, même si les sentiments sont complexes, comme le veut Gros (*op. cit.*, p. 378).

Quinault construit la pièce suivant un strict parallèle de scènes et la rencontre des personnages est contrôlée, comme ailleurs dans les pièces classiques. Ils ne peuvent arriver qu'à point voulu. Alors que les personnages jouent un rôle les uns devant les autres en déguisant leurs vrais sentiments et se trompent ainsi les uns les autres, ils s'ouvrent devant leurs confidents. La rencontre de Barsine et de Séleucus (Acte Ier) est encadrée de leurs confidences à leurs suivants. Antiochus, après avoir parlé à son père, s'explique à son confident. La rencontre des deux femmes est aussi encadrée par les explications de Stratonice à Zénone (Acte II). La scène des deux amants est suivie par la révélation des vrais sentiments d'Antiochus à Timante. Après la rencontre avec Stratonice Séleucus avoue son amour pour Barsine à Policrate (Acte III). Et Barsine confesse son faux jeu devant Séleucus à Céphise. L'entrevue du père et du fils (Acte IV) est préparée par la scène entre Antiochus et son confident. La trahison de Barsine est immédiatement suivie par la découverte de cette trahison, et Stratonice peut s'expliquer à sa confidente. Le message même de Philon est un double jeu, à la fois déguisement et vérité. Au début du Ve Acte, Barsine, avant de revoir Séleucus, nous fait comprendre son refus. C'est ainsi que le spectateur ou le lecteur apprend à la fois les vrais sentiments et leur déguisement; c'est ce qui forme son plaisir, tout comme celui d'un lecteur de roman: le plaisir d'avoir ainsi partie liée avec l'auteur, de pénétrer dans ses ressorts alors que les personnages ignorent la vérité jusqu'au dénouement.

Stratonice est une pièce de déguisement, encore que certains critiques aient voulu la classer autrement.

UNE PIECE DE DEGUISEMENT

Lancaster(8) écrit à propos de *Stratonice*, citant Gros qui loue Quinault "for breaking away from his usual disguise and substitutions ... everyone at least knows who everyone is". En effet, Gros dit que le malentendu dans *Stratonice* "n'est pas la

(8) *A History of French Dramatic Literature*, 1936, III/2, p. 563; voir notes 35 et 36.

conséquence d'une substitution ou d'un incognito qu'eux-mêmes ignorent, c'est un malentendu psychologique" (p. 378). Buijtendorp parle aussi de malentendu de sentiments (pp. 92, 96). Quinault semble avoir remplacé le déguisement des personnages par le déguisement des sentiments. C'est peut-être là le sens du terme psychologique. Chacun feint des sentiments qu'il n'a pas et trompe l'autre. Barsine feint d'aimer Séleucus alors qu'elle ne cherche que sa couronne; c'est l'ambition qui la domine. L'amour qu'elle ressent est pour Antiochus ce qui l'a fait renoncer au mariage avec le roi, projeté autrefois, et auquel elle voudrait revenir. Séleucus se trompe entièrement sur les vrais sentiments de Barsine, à laquelle il est attaché. Le couple au centre de la pièce, Stratonice et Antiochus, cachent leur amour derrière une haine feinte. Le spectateur qui connaît leurs vrais sentiments se demande s'ils pourront vaincre ce complexe d'orgueil, de réserve, de vanité, d'hésitation, ce jeu de cache-cache, pour se dire leur amour. Ils finissent par croire au sentiment déguisé de l'autre et se sentent rejetés. Séleucus se trompe aussi sur les vrais sentiments de son fils, le pensant amoureux de Barsine. La lui vouloir céder est bien un acte de générosité de sa part, mais qui tombe à faux. C'est en fin de compte le renoncement à la couronne qui permet le mariage des deux amants. La révélation de leur amour se fait malgré eux, par cette faiblesse physique d'Antiochus qui provient des sources anciennes.

Ce déguisement des sentiments crée le malentendu, tout comme le déguisement des personnages ailleurs crée le malentendu de l'intrigue, dans *Le Feint Alcibiade*, *Le Mariage de Cambyse*, et après *Stratonice*, dans *Agrippa ou le faux Tibérinus*.(9)

Il y a deux couples dans *Stratonice*, tout comme dans *Bellérophon* et dans *Le Mariage de Cambyse*. Le mariage de raison qui s'impose dès le début de la pièce unirait Séleucus à Stratonice alors que Barsine devrait se contenter d'Antiochus. Mais ces arrangements ne correspondent pas aux sentiments des personnages(10) qui s'y opposent. Séleucus est attaché à Barsine qui, elle, aime Antiochus; il n'y a aucune réciprocité d'amour. Antiochus ne pense qu'à son amour pour Stratonice, tout comme elle d'ailleurs, alors qu'ils se jouent la comédie (amoureuse) de la haine et du refus. A la fin il ne reste qu'un seul couple, alors que deux mariages sont projetés au début. Il n'y a pas d'échange de partenaires, comme on aurait pu le penser vu l'opposition entre les sentiments et les mariages arrangés. L'amour-passion triomphe en dépit de son long et obstiné déguisement. L'ambition détruit l'amour et la générosité le rachète.

Il s'agit donc de divers sentiments qui s'entrecroisent dans la pièce.

---

(9) E. Gros, *Philippe Quinault*, p. 374, voit le malentendu et les pièces à reconnaissance comme un défaut, même s'il admet, p. 375, que dans *Stratonice* l'action se concentre et se ramasse.

(10) Gros, p. 373, pense à l'intrigue de la pastorale dramatique.

SENTIMENTS

Si l'amour est une faiblesse, c'est la faiblesse des grands cœurs (*Thésée)*

Deux passions sont présentées dans *Stratonice*, l'ambition et l'amour, car la haine qu'expriment Antiochus et Stratonice n'est qu'une feinte.

L'ambition politique est incarnée dans Barsine; il est vrai que l'amour l'avait touchée ("j'ayme Antiochus", v. 74) et c'est pour cela qu'elle avait renoncé au premier projet de mariage avec le roi. Au début de la pièce Barsine s'adresse à son ambition, comme à la passion dominante qui la possède.(11) Elle aussi se trompe sur les sentiments des autres, se croyant aimée du père et du fils (v. 36). Ce qu'elle aurait pu obtenir par un arrangement politique, le trône près de Séleucus, elle voudrait maintenant le regagner par ses propres efforts, en attirant Séleucus par un amour feint. Il y a là tout un côté volontaire chez Barsine qu'elle mettra en jeu au cours de la pièce par l'intrigue et la tromperie. Sa conception de la gloire, c'est de devoir la couronne à elle-même plutôt qu'aux "Dieux" (v. 48). N'y aurait-il pas là une trace d'héroïsme personnel qui appartient à la première moitié du siècle? L'ambition de Barsine, dans son entretien avec Stratonice, se voit l'objet de remarques ironiques de la part de l'adversaire. C'est Stratonice qui loue "les charmes du trône" (v. 522) que Barsine avait dédaignés pour l'amour du jeune prince. Et Stratonice prétend ne pas comprendre "le refus d'un Empire" (v. 534), pour finir dans les derniers vers (vv. 540–2) dans l'ironie comique "des cheveux gris" et "du diadème qui efface les rides". Barsine, dans sa réponse, nie son ambition. Il y a là un déguisement réciproque et déliberé. Le dialogue des deux femmes jalouses est à la fois parallèle et opposé; parallèle par les arguments et opposé par les vrais sentiments. Barsine nie l'ambition et insiste sur l'amour, Stratonice nie l'amour et insiste sur l'ambition. On pourrait parler d'un chiasme dans les attitudes.

Barsine revient sur ce conflit entre l'ambition et l'amour au début du Ve Acte (v. 1448). Elle regrette une "indigne langueur" que lui cause le prince, mais "l'ambition plus forte" (v. 1454) lui permet de se tourner vers le but qu'elle recherche, la couronne. Elle lui échappe au moment où le roi renonce à son trône en faveur de son fils. Son sentiment réel se révèle alors, elle ne veut pas être sujette, elle retourne à Pergame où sa position sociale est sauvegardée. Séleucus se dégage facilement d'elle après cet aveu. Il y a là un parallèle, en mineur, de l'aveu d'Antiochus (et de Stratonice). La pièce se termine sur les vrais sentiments des personnages alors que tout au long nous avons assisté à leur déguisemnt.

---

(11) *Recueil de plusieurs énigmes*, 1684, cité par Buijtendorp, pp. 89–90, "Si un grand amour est incompatible avec une grande ambition?"

La passion d'Antiochus pour Stratonice se situe dans le cadre de sa maladie. Quinault conserve cet aspect des données historiques tout en supprimant le personnage du médecin; il y a là une intériorisation du jeu dramatique. Antiochus explique les symptômes de sa maladie, il réunit ainsi les données historiques et le langage "tendre". L'origine de sa maladie est la première vue de Stratonice (v. 318). Il décrit cette maladie psycho-somatique, ce "feu" qui "brûle" dans ses veines, dans les termes du langage précieux, mais qui s'appliquent parfaitement aux symptômes physiques (vv. 361–68). Il revient sur sa fièvre (vv. 1073–76), sa situation lui semble alors sans issue et il pense à renoncer à la vie. Il ne connaît que la haine de Stratonice et il s'efforce d'y répondre de même sans réussir. Mais la haine et l'amour se touchent (v. 334). Au début du Ve Acte enfin Séleucus fait le récit de la maladie de son fils à Barsine, en deux mouvements. D'abord l'impression de l'approche de la mort, alors que ses sens réagissent à peine, jusqu'au moment où il avoue son amour, toujours mal compris par Séleucus qui pense à Barsine. Antiochus avoue son amour à Stratonice, presque en dépit de lui-même, à travers sa maladie qui le fait tomber à ses pieds. La maladie psycho-somatique est à la fois un ressort extérieur et intérieur.

Le personnage principal, Stratonice, se plaint de la dépendance où elle se trouve à l'égard de son oncle qui lui impose un mariage politique. Elle y voit son devoir sans y apporter son consentement intérieur. Mais elle est aussi désemparée devant ses propres sentiments dont elle fait un demi-aveu à sa confidente (acte II sc. 2 et 5). Elle décrit la découverte de l'amour (vv. 585–96) en termes à la fois tendres et précieux où se mêlent frayeur et honte. Tout comme Antiochus, elle croit à la froideur de celui qu'elle s'efforce de haïr. Dans la scène des deux amants (acte II, sc. 6), scène de dépit amoureux, Quinault se sert d'une stichomythie parallèle pour montrer le jeu de l'amour déguisé en haine. Reste cependant le demi-aveu hésitant de l'un et de l'autre (vv. 638, 642). A travers tout le quatrième acte Stratonice persiste à jouer ce même jeu de la haine, croyant fermement qu'"il ne m'aime pas" (v. 1331). Elle ne fait son aveu qu'en réponse à celui d'Antiochus, conforme au code d'amour précieux et romanesque. Son vrai conflit est avec elle-même, mélange confus de sentiments: vanité, incertitude et orgueil.

Le plus faible des personnages, Séleucus, jusqu'au moment de sa généreuse abdication pour sauver la vie et l'amour de son fils, lutte avec un amour qu'il considère lui-même comme une faiblesse (vv. 185, 854). Il avoue son amour à Barsine (v. 856), mais il est dupe du faux aveu qu'elle lui fait (vv. 866, 945) en y déployant toute une rhétorique précieuse. Séleucus fait écho à ce langage précieux, il soupire (vv. 150-2), mais renonce trop facilement à Barsine pour être un véritable amant romanesque. L'homme d'un certain âge malaisément amoureux d'une jeune personne, touche au personnage de comédie. La générosité finale de Séleucus le rachète; il faut la comprendre dans le sens cartésien, c'est-à-dire pour le bien du prochain, son fils, et non dans le sens de Corneille où elle est liée à la gloire personnelle.

La magnanimité de Séleucus se trouve doublée dans la pièce, d'autres efforts dans le même sens, mais qui n'en sont qu'un faux reflet. Antiochus commence par essayer de persuader son père de renoncer à Stratonice et lui offre Barsine à la place. Ce n'est qu'un semblant de générosité puisqu'il ne l'aime pas. D'autre part, le vrai geste de générosité de Séleucus de vouloir céder Barsine à son fils, tombe à faux, il se trompe sur les sentiments de son fils. Antiochus avait en effet aimé Barsine avant de connaître Stratonice.

Si l'on voulait rapprocher *Stratonice* des romans de Mlle de Scudéry, comme on le fait volontiers, "Quinault, c'est le fabricant de pièces faciles qui a mis au théâtre les romans de Mlle de Scudéry"(12) on peut regarder la constance dans l'amour d'Antiochus comme en accord avec le code d'amour tel que le présente Artamène/Cyrus. D'autre part, ce code d'amour exige également que l'aveu soit remis jusqu'au dernier moment, par respect pour la femme aimée. Si Gros pense "qu'il n'est pas très vraisemblable que le malentendu se prolonge pendant cinq actes ..." (p. 379), il ne tient pas compte de cette "orthodoxie romanesque" (13) longuement analysée dans *Clélie*,

> ... se taire est un grand mal, mais c'est pour cela que c'est une grande marque d'amour; une honneste personne ne peut jamais estre plus obligée que lorsqu'elle voit qu'on a peur de luy déplaire, qu'on la craint, & qu'on la respecte. (IV/3, p. 1360)

Il reste que le langage aussi rejoint celui du roman précieux; on soupire volontiers, expression d'amour (Séleucus, vv. 150–2, Stratonice v. 620, Antiochus, v. 320), on rougit d'amour ou de haine (vv. 457–8, 1358–9), on brûle (vv. 365–7, 1059, 1566), on est enflammé de feu et d'ardeur (vv.355, 385, 593, 1073–4, 1563–4, 1651). L'amour est considéré comme un mal (v. 257) dont on ne guérit guère. Toute cette description de la maladie d'Antiochus permet à Quinault d'être fidèle à ses sources historiques et de se conformer au goût romanesque de son époque.

Il ressort de l'analyse des sentiments que Quinault donne au cœur une place indépendante. Il s'impose contre la volonté et donc de la raison, sans que l'esprit n'en soit la dupe, comme le voulait La Rochefoucauld (*Maximes*, 102). Mais la dichotomie que Quinault suggère à plusieurs reprises dans la pièce n'est peut-être pas trop éloignée de Pascal ("le cœur a ses raisons, que la raison ne connaît point", Br. 277) sans s'appliquer au même argument. Cette indépendance du cœur vis-à-vis de l'esprit remonte, selon le P. Bouhours, à Voiture dans une lettre à la marquise

(12) C. Aragonnès, *Madeleine de Scudéry*, 1934, p. 187.

(13) J.-M. Pelous, *Amour Précieux, Amour Galant (1654-1675)*, 1980.

de Sablé.(14)

Barsine et Séleucus, dans leur premier entretien parlent de leur cœur comme d'une entité indépendante,

> mon cœur eust fait un crime
> De ne vous pas donner sa plus parfaite estime (vv. 153–4)

et Séleucus, plus loin, (v. 170),

> mon cœur m'a promis de suivre un autre empire.

Antiochus et Stratonice soulignent encore cette opposition entre la volonté personnelle et le cœur qui peut diriger l'action dans un autre sens. Antiochus, se confiant à Timante,

> ... mon cœur voudroit l'aimer encore ...
> ... on n'aime pas tousjours ce qu'on voudroit aimer
> (vv. 354, 356)

déclare ainsi que la force du cœur peut aller dans le sens inverse de la volonté. Et il explique à Timante (mais c'est adressé à Stratonice (v. 694), que la volonté et le cœur ne s'accordent pas,

> Comme si de mon choix mon cœur pouvoit dépendre.

Séleucus voit son cœur en conflit avec ses conceptions morales:

> Mon cœur m'avoit promis de suivre un autre empire;
> Et cependant le traistre est prest à se dédire,
> Est prest à violer la foy de nos Traitez ... (vv. 873–5)

---

(14) *La Manière de bien penser*, Premier Dialogue.

Et Stratonice voudrait être "maistresse de mon cœur" (v. 428), tenir "mon cœur en ma puissance" (v. 430), sachant qu'elle ne le contrôle pas. Lorsqu'elle décrit la découverte de son amour, elle blâme cet acte indépendant de son cœur "Ce cœur, qui veut aimer aux dépens de ma gloire" (v. 602). Elle est décidée d'agir indépendemment de son cœur (v. 604) et même de le trahir "comme il m'ose trahir" (v. 608). Ce conflit intérieur est polarisé entre la volonté et les sentiments.

Antiochus insiste également sur cette opposition entre la volonté et le cœur, siège de la passion: "Je répons de ma main, mais non pas de mon cœur" (v. 396).

Dans son analyse au début de la pièce Barsine, ayant voulu faire coïncider son ambition et son amour, donne au cœur une place subordonnée à "ces instincts qu'en nous la Nature fait naistre" (v. 78) et dont "un cœur n'est jamais le maistre" (v. 77). Y aurait-il là ouverture vers le subconscient, selon notre vocabulaire moderne? Le cœur est vu ici sous un aspect différent des autres exemples.

Mais il y a un autre aspect dans la pièce, comme si souvent dans le théâtre classique, c'est celui de la politique.

SENS POLITIQUE

Il y a un arrière-fond politique à travers la pièce. Barsine est motivée par l'ambition politique plus forte que l'amour. Entre elle et Stratonice existe une situation de haine due aux deux familles: le père de Barsine, Eumènes, a été tué par le père de Démétrius dont Stratonice est la fille (vv. 116–8, 482–88). La patrie de Barsine est Pergame, elle est réfugiée à la cour de Séleucus depuis trois ans (v. 146) et elle y retourne à la fin de la pièce, ayant perdu son jeu politique. Cet échec implique peut-être un jugement de la part de l'auteur. L'amour triomphe, car c'est une passion plus forte et plus noble que l'ambition politique. C'est ainsi que Quinault se place dans l'esprit de son époque et de son public.

Stratonice se trouve impliquée dans la pure ambition de son oncle qui "doit estre des grands cœurs l'unique passion" (v. 420); elle y donne un consentement forcé. Son mariage avec Séleucus est un arrangement politique avec Démétrius pour assurer la paix (vv. 87–90).

Le sacrifice de Séleucus se place finalement sur le plan politique: il cède son trône à Antiochus, même si les motifs sont personnels.

Quant aux conceptions morales et politiques, Séleucus, à l'inverse de Philipe qui exerce un pouvoir absolu sur sa nièce, distingue entre l'obéissance sous la loi qu'Antiochus lui doit en tant que père et souverain, et la liberté de ses sentiments, il est "libre dans sa haine" (vv. 782–4). Son âme ne lui appartient pas, elle est un don des Dieux. Il y a derrière cette conception, même s'il est question de "Dieux", une idée toute chrétienne, la liberté de la conscience. Mais il s'y exprime peut-être aussi l'idée du droit naturel contre la toute puissance du souverain(15). On trouve une remarque dans le même sens dans *Le Feint Alcibiade* (acte I, sc. 2),

Une âme est toujours libre et les plus puissans Rois
Jusqu'à ses volontés n'étendent point leurs droits (16)

Les thèmes et les sentiments que Quinault a exploités dans sa pièce ne sont évidemment pas uniques. On pourrait suggérer des comparaisons.

QUELQUES COMPARAISONS

Le thème de la rivalité entre père et fils fait penser à *Mithridate*, postérieure de 13 ans. Mithridate, personnage bien plus complexe que Séleucus, se pose en effet la question: "Xipharès mon rival?" (v. 1009) Sur la situation sentimentale se greffe le thème politique et la trahison de Pharnace. A l'inverse de Séleucus, Mithridate veut s'imposer à Monime par son autorité et des ruses. Ce n'est qu'au moment de mourir, au cours de la bataille, qu'il unit son fils à Monime. Xipharès, tout comme Antiochus, serait heureux de mourir pour l'amour de Monime (vv. 1244–8). Il est évident que la pièce de Racine a des dimensions plus étendues que celle de Quinault, dans son sujet et dans sa structure poétique. Racine, comme Quinault, prend toutes les libertés avec les données historiques.

Certains critiques ont suggéré un rapprochement possible avec Marivaux. V. Fournel(17) note: "Parfois vous croiriez lire du Marivaux en vers", et "dans quelques scènes amoureuses il faut songer à Marivaux" (à propos de *Persée*). Lanson(18) voit

(15) A. Adam, *Histoire de la littérature française du dix-septième siècle*, 1948, I, p. 529 à propos de *Cinna*.

(16) J. van Eerde, "Quinault, The Court and Kingship" in *Romanic Review*, 53, 1962, pp. 174–86.

(17) *Théâtre choisi* de Quinault, 1882, notice biographique.

(18) *Esquisse d'une Histoire de la Tragédie française*, 1920.

les héros de Quinault comme "des personnages de Marivaux en costume grec et romain". La même idée est reprise par Buijtendorp (p. 156 sqq.); il voit en Quinault un précurseur de Marivaux et montre certaines ressemblances entre *Le Jeu de l'amour et du hasard* et *Le Mariage de Cambyse*, et entre *La Double Inconstance* et *Le Feint Alcibiade.* Brereton(19) suggère un "marivaudage anachronistique", Quinault ayant créé un précédent dans ses tragi-comédies. Qu'en est-il de ce rapprochement pour notre pièce?

Tout en reconnaissant la différence des structures théâtrales, des conceptions morales et sociales des deux auteurs il reste que l'un et l'autre placent la découverte de l'amour au centre de leurs pièces; elle ne se fait qu'à la dernière scène après de nombreuses péripéties. Phocion, dans *Le Triomphe de l'amour* (II, 11) remarque:

> Ce n'est pas le tout que d'aimer, il faut avoir la liberté de se le dire

ce qui s'applique parfaitement à notre pièce où Antiochus et Stratonice manquent de liberté intérieure pour déclarer leurs vrais sentiments. Dans son introduction au *Théâtre complet* de Marivaux(20), J. Schérer montre que dans certaines pièces de Marivaux l'aveu se fait par un geste. Tel l'aveu d'Antiochus. Et Schérer conclut: "Les sentiments que les mots expriment en les dissimulant deviennent peu à peu irrépressibles".

REPUTATION DE QUINAULT

Quinault doit l'infortune de sa réputation en premier lieu à Boileau,

> Et jusqu'à *Je vous hais*, tout s'y dit tendrement (*Satire* III)

qui se réfère fort bien à *Stratonice.* Et Boileau de continuer à se moquer du théâtre de Quinault dans la même satire par la bouche d'un fat ou d'un campagnard, sans oublier la citation de la *Satire* II "... un auteur sans défaut ... la rime dit Quinault". Dans la *Satire* VIII il le place parmi les auteurs qui ont pu ennuyer le roi

(19) Brereton, *op. cit.*, 9/XIII.
(20) *L'Intégrale*, 1964.

et la cour, alors que dans la *Satire* X il s'en prend à nouveau au rôle prépondérant de l'amour, mais cette fois dans l'opéra. Une réconciliation se fit tardivement, et après la mort de Quinault Boileau revient sur son jugement dans la *Troisième Réflexion*: "Il avait beaucoup d'esprit, et un talent tout particulier pour faire des vers bons à mettre en musique". Dans la préface des éditions de ses œuvres (1683, 1685, 1694) Boileau explique que ses vers contre Quinault sont une œuvre de jeunesse "nous étions tous deux fort jeunes" et ce ne fut que plus tard que Quinault acquit "une juste réputation". Mais la chose était faite et les vers de Boileau accompagnent la réputation de Quinault.

Cet épithète de tendre lui est resté(21) , et Boileau ne fut pas le seul à s'en servir. Chapelain(22) note que Quinault touche "les tendresses amoureuses", même s'il est "sans fond et sans art". Chappuzeau y fait écho(23) , Quinault "sait parfaitement la carte du Tendre". Bossuet(24) s'en prend à "toutes les fausses tendresses".

Quinault se fit connaître surtout grâce aux Précieuses, même si certaines d'entre elles se sont détournées de lui par la suite, plus particulièrement à cause des premiers jugements de Boileau.

Somaize,(25), à l'article Quirinus (Quinault) note que

> les pretieuses l'ont mis au monde, et que tant qu'il a trouvé jour à debiter la bagatelle, il a eu une approbation plus generale qu'elle n'a esté de longue durée...

Et il précise dans l'article Dalmotie (Mme d'Oradour)(26) que "cette illustre pretieuse" a "mis au monde un autheur qui chanceloit sans son secours ... ", en ajoutant que Quinault "a eu plus de bonheur que de merite". Pourtant l'opinion sur le mérite de Quinault a divisé l'opinion des Précieuses et,

(21) O. Nadal, *Le sentiment de l'amour dans l'œuvre de P. Corneille*, 1948, voit un côté "tendre" dans *Andromède* et dans *Œdipe*.

(22) *Memoires des gens de lettres vivans en 1662.*

(23) Europe vivante, 1669.

(24) *Maximes et réflexions sur la comédie*, 1694.

(25) *Dictionnaire des Pretieuses*, 1660.

(26) Tallemant des Réaux, *Historiettes* (M. de Guise Petit Fils du Balafré): "Madame d'Oradour sauva Quinault à une époque où la cabale allait réussir à le faire tomber ...". Voir aussi W. Zimmer, *Die literarische Kritik am Preziösentum*, 1978.

> le nombre des personnes d'esprit qui sont du party contraire à Quirinus et qui n'estiment pas ses ouvrages, est plus grand et plus considerable que celuy qui le soustiennent ...

Boursault(27) fait dire à Ortodoxe,

> Que les vers en sont forts et que tout m'en a plu!
> Dites-moi, s'il vous plaît, qui l'a fait?
> C'est Quinault
> Quoi! le même Quinault que Despréaux déchire ...

Elle avoue qu'elle en admirait "le tendre" et que

> Ce fut innocemment que j'applaudis Quinault ... (sc. 6)

Quinault avait toujours Perrault pour lui qui le défendait contre les dénigreurs et les jaloux. Il l'introduit ainsi:

> Monsieur Quinault estoit un de ces genies heureux qui reüssissent dans tout ce qu'ils entreprennent, et qui ayant receu de la nature une idée du beau trés-vive et trés-distincte, y conforment avec facilité tout ce qu'ils font, souvent même, sans le secours des maistres & des preceptes.

Et il conclut:

> Les Comedies de Monsieur Quinault furent pendant dix ou douze ans les delices de Paris et de toute la France, quoy que les connoisseurs de profession pretendissent qu'il n'y en avoit aucune où les regles fussent bien observées ... (28)

Parlant des premières comédies de Quinault Perrault relate que

---

(27) *La Satire des Satires*, 1669.
(28) *Les Hommes illustres*, 1696-1700.

> ... ce fut une affluence de spectateurs incroyable, et des applaudissemens qu'on entendoit des rues voisines ...

C'est le public qui a décidé de la valeur des pièces de Quinault,

> comme s'il n'y avoit plus grand art que celui de charmer tous ses auditeurs, et de les faire venir trente fois de suite à la même Comédie(29)

Et Baillet(30). souligne ce même argument,

> ... ce n'est pas tant de ses lecteurs que de ses spectateurs que lui viennent les applaudissemens...

Au dix-huitième siècle Voltaire se fit le défenseur de Quinault contre les malices de Boileau. Dans le *Temple du Goût*(31) il y a déjà une suggestion de reconciliation ordonnée par le dieu du lieu. Voltaire se réfère ensuite au célèbre vers de Boileau, disant que

> c'est de la Satire, et de la satire même assez injuste en tous sens ... il est aussi peu vrai de dire que Virgile est sans défaut, que de dire que Quinault est sans naturel et sans graces... (32)

Ailleurs(33) Voltaire parle des opéras de Quinault qui plaisent "encore dans toute l'Europe".

Par contre les Frères Parfaict(34) donnent un bref résumé de la *Stratonice*, la qualifiant "d'ouvrage faible"; ils ajoutent un extrait du dénouement comme base d'une comparaison avec l'*Antiochus* de Thomas Corneille.

---

(29) *Parallèles des Anciens et des Modernes*, 1688.

(30) *Jugemens des sçavans*, t. IV, p. 360, 1685.

(31) Edition de 1733.

(32) Lettre d'introduction de l'édition de 1784.

(33) *Le siècle de Louis XIV*, chap. 32.

(34) *Histoire du Theatre François*, vol. 8.

La Harpe(35) estime que les ouvrages de Quinault "eurent ... plus de succès que de mérite" tout en annonçant "de l'esprit et de la facilité".

A part quelques remarques ça et là au dix-neuvième siècle (36), ce sont les thèses d'Etienne Gros(37) et de J. B. A. Buijtendorp(38) qui ont renouvelé l'intérêt porté à l'auteur dramatique aux multiples talents et lui ont assuré sa place dans l'histoire de la littérature du dix-septième siècle. Mais on s'intéresse plus volontiers encore au collaborateur de Lulli(39) qu'on n'appréciait guère au siècle précédant.(40)

Trois pièces de Quinault ont été rééditées dans notre siècle, *La Mère coquette* par Gros en 1926; *La Comédie sans comédie* par J. D. Biard, en 1974 et *Astrate* par E. J. Campion, en 1980 dans la série des *Textes littéraires* (University of Exeter).

Au moment du Tricentenaire, en 1935, parurent quelques articles, dont un dans *Ordre* (2.VI.) de C. Barjac qui, lui aussi, place Quinault entre les deux grands dramaturges, mais s'occupe davantage des opéras. Marcel Aymé(41) essaya de rendre justice à notre auteur, ayant eu "la malchance d'avoir vécu en un temps de grands génies". Il lui trouve beaucoup de fantaisie et de spontanéité et rappelle fort à propos la fidélité du public au dix-septième siècle.

Brereton(42)plus récemment, jette un nouveau regard sur le théâtre de Quinault:

> En dépit de tout le sentimentalisme impliqué dans sa réputation de tendresse, Quinault cherchait à tâtons de trouver l'amour-passion, mais il était empêché par les conventions de la galanterie de réaliser sa véritable possibilité. Ses amants dévoués se soumettent selon le code d'amour en

---

(35) *Lycée ou cours de littérature*, 1799–1805, vol. I.

(36) V. Fournel, *Les contemporains de Molière*, 1863, chap. "Théâtre de l'Hôtel de Bourgogne".
F. Brunetière, *Manuel de l'histoire de la littérature française*, 1878.
R. Doumic, *L'Opéra et la tragédie au dix-septième siècle*, 1895.

(37) *Philippe Quinault sa vie et son œuvre*, 1926.

(38) *Philippe Quinault sa vie, ses tragédies et ses tragi-comédies*, 1928.

(39) N. Demuth, *French Opera, Its Development since the Revolution*, 1963.
C. Girdlestone, *La Tragédie en musique, 1673–1750*, 1972.
J. de la Gorce, "L'Opéra français à la Cour de Louis XIV" in *Revue d'Histoire du Théâtre*, 1983–4, pp. 387–99.

(40) R. Doumic, compte rendu de la thèse de R. Rolland, *Histoire de l'opéra*, 1895, in *Etudes sur la littérature française*, 1ère Série, 1896, commente sur la morale de Quinault: "Il est difficile de dissimuler plus de grossièreté sous plus de préciosité".

(41) *Premier Recueil de l'Association Florence Blumenthal*, 1935.

(42) Brereton, *op. cit.*, chap. 9.

> se sacrifiant eux-mêmes. La maladie d'amour d'Antiochus dans *Stratonice* est physique... Ailleurs sa maladie est de l'esprit plutôt que du corps.

Cette dernière remarque montre bien que Quinault a réussi à accorder les données de l'histoire (de *Stratonice*) avec son interprétation de l'amour.

Dans son étude J.-M. Pelous(43) soutient que Racine a commencé par suivre cette évolution vers le "tendre" (et qui date de *L'Astrée*):

> Pour les contemporains de Racine, son théâtre présente simplement un spectacle des faiblesses amoureuses assez semblables à ce qu'ils connaissent déjà par la tragédie à la Quinault.

Sans vouloir ni pouvoir pousser cette comparaison plus loin il faut néanmoins tenir compte de la contribution que fit Quinault à l'analyse dramatique et littéraire du sentiment le plus personnel qu'est l'amour.

Pour examiner le style de Quinault, il faudrait plutôt regarder du côté de la rhétorique que de la poésie. Les deux étaient étroitement liées au dix-septième siècle.

Quinault utilisa un certain nombre de figures rhétoriques traditionnelles. Il introduit la stichomythie dans quelques brefs vers du premier acte (vv. 59-60) pour appuyer sur le mot "rompre". Il en fait un usage plus complexe dans le deuxième acte (vv. 626-44) dans la scène de dépit amoureux entre Antiochus et Stratonice: le parallélisme des expressions: Esvitons - Montrons - Allons - fuyez se retrouve dans les vers parallèles où les mêmes expressions reviennent: fuis – fuite – soin – déplaisir, pour continuer dans les vers brisés: achevez - dites tout, et conclure par: Il vaut mieux me taire - Il vaut mieux ne rien dire. Cet enfantillage amoureux ressort comme un écho dans le parallélisme de la stichomythie.

Autre figure rhétorique qui revient chez Quinault comme elle se trouve dans la prose et la poésie de son siècle, c'est l'antithèse. Le sujet s'y prête pour l'antithèse entre haine et amour, ou haïr et aimer (vv. 104, 334, 372), mais aussi regner: servir (v. 8), entre main et cœur (v. 396), obtiens: pers (v. 1068); la double antithèse: devoir, sang: femme, fils (v. 820).

Plus fréquente encore est la répétition, parfois en position initiale de plusieurs vers: Je croy (vv. 745-50), pour se terminer dans l'ironie; ou encore: Ce sang

---

(43) *Amour précieux, Amour galant, 1645-75*, 1980, p. 128.

(vv. 1558-69). L'usage de la répétition à l'intérieur d'un vers se fait souvent; un même verbe est introduit sous différentes formes grammaticales: paroissez - paroist (v. 292), donneroit - donnée (v. 1102), souffrir - souffrira (v. 1128), donniez - donne (v. 1300), perdant - perdre (v. 1508). On se heurte à ce genre de répétition malhabile: Soit qu'elle soit: on soit (v. 209).

Le ton des vers dans la pièce frôle parfois la prose, mais il s'élève dans un certain élan d'émotion; Antiochus parlant de sa maladie d'amour (vv. 360-66), ou exprimant son indignation (vv.384–86), ou encore revenant sur son mal (vv.1073–76), ou enfin quand il se repent de ses accusations contre Stratonice. Elle, à son tour, exprime une émotion (vv. 1213–20). Le ton s'élève également, mais dans un double jeu de déguisement, entre Barsine et Stratonice (vv. 493–500), scène fort réussie. Barsine exprime un amour feint (vv. 977–80) sur un ton semblable. Séleucus lamente l'état de son fils dans un langage soutenu (vv. 1460–64). Mais le langage n'atteint jamais la passion suprême, comme on le connaît chez Racine.

C'est un langage abstrait, sans images, sinon les métaphores qui sont devenues presque des lieux communs, tels flamme, ardeur, feux (voir le glossaire), ou les métonymies tout aussi communes: diadème, couronne, sceptre, trône, pour exprimer le pouvoir royal. Le langage devient plus concret dans le récit de Policrate sur la fuite et la mort de Philon (vv. 1255–70) avec un détail géographique. Par contre le récit que fait Séleucus de la maladie de son fils (vv. 1474–1512), tout en décrivant les symptômes visibles de son malaise, est entremêlé d'émotion.

Cette variété de tons s'exprime dans des vers ramassés, même si les discours ont parfois des longueurs, réguliers, sans être trop chargés d'expressions explétives pour arrondir l'alexandrin. Quinault a le talent d'écrivain sans en avoir le génie.

STRATONICE

Nous savons par Loret, *Muse historique*, Lettre première du Samedi troisième janvier 1660, que la première de *Stratonice* eut lieu la veille:

> Hier, ceux de la Royale Troupe,
> Dont le Théatre a vent en poupe,
> Representerent, comme il faut,
> La Stratonice de Quinault.

Fraîche & nouvelle Comedie,
Qui fut, dit-on, fort applaudie,
Par un grand nombre de ces gens,
Que l'on appelle intelligens:

Ce Quinault est un homme illustre,
Qui sçait donner un si beau lustre,
Et tant d'agréables clartés,
Aux grands sujets par lui traités,
Que le renom de son génie,
Attira grande compagnie;
Plusieurs quitterent le tison,
Durant cette rude saison,
Où la froidure est sans pareille:
Mais on veut voir cette merveille.

Floridor tint le rôle d'Antiochus, Jeanne Ansoult, femme de Baron, celui de Stratonice. La Clairière note le 13 janvier,

> la tragicomedie de Quinault n'avait pas besoin d'être suivie d'une farce pour obtenir les applaudissemens.(44)

LE TEXTE

La première édition de Stratonice, Rouen/Paris, 1660, celle que nous reproduisons, ne porte le nom de l'auteur que comme signature de la dédicace; elle fut suivie d'une seconde, réimprimée à Paris en 1662.

Le Théâtre de Mr Quinault, 1663, contient *Stratonice* dans la IIe Partie.

Le Théâtre de Mr Quinault, Amsterdam, 1693 (*Stratonice*, T.II).

Le Théâtre de Mr Quinault, Amsterdam, 1697 (*Stratonice*, T.I).

Le Théâtre de Mr Quinault contenant ses Tragedies, Comedies, et Opera. Dernière Edition, augmentée de sa Vie, d'une Dissertation sur ses Ouvrages, et de l'origine de l'Opera. Le tout enrichi de Figures en taille-douce. 5 volumes, Paris, Ribou, MDCCXV, réimprimé en 1739 et en 1778. (*Stratonice*, Vol. II).

---

(44) S. W. Deierkauf Holsboer, *Le Théâtre de l'Hôtel de Bourgogne* II, 1970, p. 102.

Cette dernière édition est reproduite chez Slatkine en 1970.

Stratonice, Treurspel, uit het fransels van den heer Quinault, Amsterdam, 1694(45).

* * *

Nous donnons le texte de l'édition originale de 1660, en gardant l'orthographe et la ponctuation de l'époque, sauf pour *u* et *v*, *i* et *j* qui ont été distingués.

Il n'y a pas de Variantes à noter. Les éditions du dix-huitième siècle donnent le texte de 1662 (réimpression de la première édition) avec quelques changements d'orthographe.

* * *

La Dédicace est adressée à Nicolas Jeannin de Castille, Trésorier de l'épargne qui l'accepta à la requête, "d'une des plus illustres et des plus aimables personnes du monde", la surintendante Foucquet, sa cousine. A ce moment c'était encore une relation mondaine à cultiver; Jeannin de Castille ne tomba en disgrâce qu'une dizaine d'années après son cousin par mariage. Gros (p. 54) prétend que les dédicaces de Quinault forment des documents sur son caractère, et note sur celle de *Stratonice* "capable même, quand c'était utile, de hasarder quelque trait de satire, dont la hardiesse ne laisse pas d'étonner". La dédicace de *Stratonice* frappe surtout par sa parfaite platitude et n'arrive guère à "séduire", comme le veut Gros.

(45) Adaptation par le cercle littéraire "Nil" (volentibus arduum); J. Fransen, *Les comédiens français en Hollande aux XVIIe et XVIIIe siècles*, 1925. Fransen indique au début de la liste des pièces: "le nombre de traductions ...qui vit le jour de la rampe ...".

BIBLIOGRAPHIE SOMMAIRE

Sur Quinault:

Vie de Quinault, Edition du *Théâtre*, 1715 (Boscheron).

BROOKS, W. S., 'Boffrand, Boscheron and Biographies of Quinault', in *Nottingham French Studies*, 16, 1977, pp. 19–28.

BUIJTENDORP, J. B., *Philippe Quinault sa vie, ses tragédies et ses tragi-comédies*, 1928.

GROS, E., *Philippe Quinault sa vie et son œuvre*, 1926, réimpression 1970.

LANCASTER, H. C., *A History of French Dramatic Literature in the Seventeenth Century*, 1936, Part III/2, chap. XV, *Stratonice*, pp. 562–5.

Sur la Tragi-comédie:

BRERETON, G., *French Tragic Drama in the Sixteenth and Seventeenth Centuries*, 1973, chap. 9 'Romanesque Tragedy : Thomas Corneille and Quinault'.

GUICHEMERRE, R., *La Tragi-comédie*, 1981.

TRUCHET, J., *La Tragédie classique en France*, 1975, chap. 'Inflexions'.

Sur le traitement de l'amour dans le théâtre:

NADAL, O., *Le sentiment de l'amour dans l'œuvre de Pierre Corneille*, 1948.

PELOUS, J.-M., *Amour précieux, amour galant, 1654–75*, 1980.

Sur la langue du dix-septième siècle:

BRUNOT, F., *Histoire de la langue française des origines à 1900*, éd. 1966, Tomes III et IV.

FURETIERE, A., *Dictionnaire Universel*, 1690.

RICHELET, P., *Dictionnaire François*, 1680.

STRATONICE

TRAGI–COMEDIE

IMPRIMEE A ROUEN, & SE VEND

A PARIS

CHEZ GUILLAUME DE LUYNE

Libraire Juré, au Palais, dans la Salle des Merciers,

à la Justice

M. DC. LX.

AVEC PRIVILEGE DU ROY

A Monsieur
Monsieur
Jeannin
de
Castille
Tresorier
de l'Espargne

Monsieur,

Vous n'avez pas songé sans doute à quoy vous vous estes engagé, alors qu'en faveur d'une des plus illustres & des plus aimables Personnes du Monde, vous m'avez fait l'honneur de consentir que je vous offre STRATONICE. Vous avez peut-estre fait vostre compte d'en estre quitte pour m'accorder une protection que je n'ay pas meritée; Mais, MONSIEUR, de l'humeur dont je vous connoy, cette permission vous a exposé à quelque chose de bien plus difficile que vous n'avez pretendu. Vous estes d'une Famille où l'on fuit les loüanges avec la mesme ardeur que l'on y cherche à les meriter; & cependant, sans y penser, en permettant que je vous dédie un Ouvrage, vous avez permis que je vous louë. C'est une coûtume indispensable parmy ceux qui se meslent d'escrire; & quelque forte aversion que vous y puissiez avoir, je vous laisse juger vous-mesme, si vous n'estes pas obligé d'endurer cette espece de violence, & si ces sortes de Dedicaces peuvent jamais estre faites sans y mesler un peu d'encens. J'essayeray toutesfois de vous en donner le plus legerement que je pourray, pour m'accommoder à vostre delicatesse, & je tâcheray de parler à vostre avantage beaucoup moins que je ne devrois, afin que vous ayez moins à souffrir. Vous ne vous offencerez donc pas, s'il vous plaist, MONSIEUR, que je die que vous exercez une Charge où l'on a montré rarement autant de vertu que vous y en faites voir, & dans laquelle jusques à Vous on ne s'est guere avisé de ne vouloir pas tant amasser du bien que de la gloire. Ce n'est pas un mediocre sujet d'admiration que toutes les richesses du Royaume ayent coulé si long-temps par vos mains sans les salir, & que vostre ame ait une pureté qui ne se soit point alterée, au milieu de ce qui fait presque aujourd'huy la corruption de toutes choses: mais il est encore plus merveilleux qu'il n'y ait personne qui ne tombe d'accord de cette verité, & que vous ayez acquis une estime universelle dans un Employ où l'envie semble estre inseparablement attachée. Toute la Cour vous considere ou par inclination, ou par reconnoissance, les plus honnestes Gens se réjouïssent de vos prosperitez comme s'ils y avoient part; Enfin, MONSIEUR, tout le Monde qui n'est pas toûjours équitable, rend justice à vostre merite, & vous sçavez en conscience, qu'il y en a du moins la plus belle Moitié dont vous auriez grand tort de vous plaindre. Je m'assure que je vous obligerois fort si je me pouvois resoudre à retenir icy ma plume, & à me passer au peu de bien que je viens de dire de vous. Cependant, MONSIEUR, si vous voulez en parler avec sincerité, vous m'avouërez qu'il est absolument de mon devoir de representer encore tout au moins en cette occasion, vostre juste discernement pour les belles choses, vostre fermeté pour vos Amis, vostre generosité pour toute la Terre, & mille autres qualitez admirables que toute la France sçait que vous possedez: mais si je m'allois amuser à vous faire ce déplaisir, vous n'acheveriez jamais de lire cette lettre, & j'ay trop d'interest que vous en voyiez principalement la fin, puisqu'elle doit contenir la protestation tres-passionnée & tres-respectueuse que je vous fais d'estre toute ma vie,

MONSIEUR

Vostre tres-humble & tres-obeïssant serviteur,

QUINAULT

ACTEURS

BARSINE, Fille d'Eumenes & Niepce d'Attale, Roys de Pergame
CEPHISE, Confidente de Barsine
SELEUCUS, Roy de Syrie
POLICRATE, Confident de Seleucus
ANTIOCHUS, Fils de Seleucus
TIMANTE, Favory d'Antiochus
PHILIPPE, Oncle de Stratonice
STRATONICE, Fille de Demetrius, Roy de Macedoine
ZENONE, Suivante de Stratonice
ZABAS, Courtisan de Seleucus
Suitte

La Scene est dans Antioche

STRATONICE

Tragi-comedie

ACTE I.

SCENE PREMIERE

BARSINE

ORGUEILLEUX mouvement des ames genereuses,
Qui jamais sans regner ne peuvent estre heureuses,
Passion des grands cœurs, dont les soins glorieux
Ne sçauroient rien souffrir qui soit au dessus d'eux;
Superbe ambition, dont l'ardeur sans seconde
Ne se laisse borner que des bornes du Monde:
Tu me flattois d'un rang que l'on me vient ravir,
Une autre va regner, & nous allons servir,
Et Stratonice enfin en Syrie arrivée
Doit ce soir estre au trosne à mes yeux eslevée.
Que me peut maintenant servir ton vain transport?
Que fais-tu dans mon cœur lors que l'espoir en sort?
Va, laisse-moy tomber dans un sort plus tranquile,
Ne me tourmente plus par un soin inutile,
Et souffre dans mes maux que j'aye au moins le bien
De ne rien desirer quand je ne puis plus rien.
Mais, ô vœux superflus! c'est en vain que je tente
De bannir de mon cœur le soin qui me tourmente;
Le Ciel, de qui nous vient nostre inclination,
Avec l'ame en mon sein versa l'ambition,
Et cette ardeur aveugle, à mon ame attachée,
Par mes propres efforts n'en peut estre arrachée.
En vain de ce torrent je me veux détourner,
Si je ne le veux suivre il sçaura m'entraisner;

J'en veux toûjours au Sceptre, & n'ay pas la puissance
D'en perdre le desir quand j'en perds l'esperance.
Mais s'il te faut souffrir, au moins, cruelle ardeur,
Fay place à d'autres feux, passe au fonds de mon cœur;
Pour arriver au Trône où tu pousses mon ame,
Souffre qu'à ton secours j'appelle une autre flame,
Et puisque ton pouvoir est trop foible en ce jour,
Permets-moy d'emprunter les forces de l'amour.
Nous pourrons triompher encor avec ses armes:
Pour tout le sang Royal mon visage a des charmes,
Et je voy sous mes loix également soûmis
Et le Roy de Syrie, & le Prince son fils.
Si je veux m'abaisser jusqu'à feindre que j'aime,
Stratonice n'a pas encor le Diadéme,
Et Seleucus pour moy pourra tout aujourd'huy,
Pour peu que mes regards s'adoucissent pour luy.
Le Sort devoit un Sceptre au sang du grand Eumenes,
Dont toute la chaleur a passé dans mes veines,
Mais malgré le refus du Sort injurieux,
Je n'ay pour l'obtenir besoin que de mes yeux.
Il est doux de porter au front une Couronne,
Quand la faveur des Dieux en naissant nous la donne;
Mais il est bien plus doux, & bien plus glorieux,
De la devoir encore à soy-mesme, qu'aux Dieux.

SCENE II

CEPHISE, BARSINE

CEPHISE

Quoy, vous estes, Madame, & resveuse, & chagrine,
Dans un jour que le Roy pour vostre hymen destine?
Le Prince vostre amant, avec toute la Cour,
Dans les murs d'Antioche est enfin de retour:
Le Roy, qui doit ce soir épouser Stratonice,
Veut qu'avec son hymen le vostre s'accomplisse,
Et son unique Fils qui sera vostre espoux
Devroit vous inspirer des sentimens plus doux.

BARSINE

Bien que d'Antiochus je me croye adorée,
Nostre union encor n'est pas trop assurée,
Et malgré ses desirs, & les ordres du Roy,
Nostre hymen se peut rompre.

CEPHISE

Et qui le rompra?

BARSINE

Moy.

CEPHISE

Vous, Madame, le rompre?

BARSINE

Ouy, Cephise, moy-mesme.
Le Prince a du merite, il est digne qu'on l'ayme,
Mais j'y trouve un defaut dont mon cœur est gesné.

CEPHISE

Dieux, quel defaut, Madame?

BARSINE

Il n'est pas couronné;
Et le cœur que je porte, & qu'on veut que je donne,
Croit estre à trop bas prix à moins d'une Couronne.

CEPHISE

Mais vous pouviez regner en épousant le Roy,
Avant qu'à Stratonice il engageast sa foy.
Vous avez pû choisir du Prince, ou de son Pere,
Vous avez à tous deux également sçeu plaire,
Et si le Roy pour luy n'eust pas veu vos mépris,
Il n'auroit jamais pû vous ceder à son fils.

BARSINE

Aprens pour t'expliquer ce choix qu'on m'a veu faire,
Que j'ayme Antiochus & que je hay son Pere,

Mon cœur pour Seleucus, malgré sa passion,
Est naturellement remply d'aversion,
Et tu sçais que jamais un cœur n'est bien le maistre
De ces instincts qu'en nous la Nature fait naistre.
D'abord voyant le Roy sans femme, & déja vieux,
Et le Prince asseuré de regner en ces lieux,
Je croyois, l'acceptant, toucher au Diadéme,
Fuïr une main haïe, obtenir ce que j'ayme,
Et satisfaire enfin dans mon cœur, par ce choix,
L'ambition, la haine, & l'amour à la fois.
Mais, helas! cet espoir m'avoit bien abusée,
Une autre a pris la main que j'avois refusée;
Le Roy sur la frontiere a veu Demetrius,
Où pour mieux confirmer les articles conclus,
Estant sollicité d'entrer dans sa famille,
Comme sceau de la paix, il a receu sa fille.
S'il l'épouse ce soir, juge de mon effroy:
Le Prince est en peril de n'estre jamais Roy,
Et le Roy peut donner, pour comble de miseres,
Des Maistres à son fils, en luy donnant des Freres.
Entre les Successeurs d'Alexandre le Grand,
Qui de tout l'Univers fut jadis Conquerant,
Je voy Demetrius dans la peur qui m'accable,
Le plus entreprenant, & le plus redoutable.
Il soûtiendra sa fille, & mettra ses enfans,
Apres la mort du Roy, dans le Trône où je tends,
Et je seray, sans prendre une plus haute marque,
Toûjours femme d'un Prince, & jamais d'un Monarque.
Je sens bien que mon cœur en effet est surpris
De haine pour le Pere, & d'amour pour le Fils;
Mais rien n'estant plus doux que le titre de Reine,
J'ay plus d'ambition que d'amour, ny de haine.
Le Prince quoy qu'aymable, est indigne de moy,
Son Pere a peu d'apas, mais enfin il est Roy,
Et le Sceptre qu'il tient, & dont l'éclat m'emporte,
Communique son charme à celuy qui le porte.

CEPHISE

C'est bien tard en l'estat, Madame, où je vous voy,
Que vous entreprenez de regagner le Roy,
Et vous le deviez suivre en ce dernier voyage,
Pour détourner plûtost ce fatal mariage.

BARSINE

Moy, voir Demetrius! & ne sçais-tu pas bien
Qu'Antigone son pere a fait mourir le mien,
Et qu'il est de ma gloire, & de la bien-seance,
De haïr sa personne & de fuïr sa presence?
Mais à voir Stratonice il faudra me forcer,
Par elle mon dessein doit icy commencer.
Je veux adroitement introduire en son ame
Du dégoust pour le Roy dont je veux estre femme,
Et luy peindre son fils avec des traits si doux,
Quelle tinst à bon-heur de l'avoir pour époux.
Voyons pourtant le Roy, c'est icy son passage,
Il sort, & vient luy-mesme aider à mon ouvrage.

CEPHISE

Vous ne l'abordez pas?

BARSINE

Non, pour mieux reüssir
Ce n'est pas mon dessein d'abord de m'adoucir.

SCENE III

SELEUCUS, POLICRATE, BARSINE, CEPHISE

SELEUCUS

Quoy, Princesse, à me fuïr vous semblez déja preste?

BARSINE

J'allois sortir, Seigneur, mais le respect m'arreste.

SELEUCUS

Il ne m'est pas nouveau de voir pour mes ennuis,
Que vous ayez toûjours à sortir d'où je suis.

BARSINE

J'allois chez Stratonice, & quoy que sa naissance
Me donne pour la voir beaucoup de repugnance,
L'apuy que j'eus de vous, apres mon pere mort,
M'engage pour vous plaire à faire cét effort.
J'ay crû vous obliger; mais j'ay beau me contraindre,
Il ne m'est pas nouveau de vous entendre plaindre.

SELEUCUS

C'est de tout temps aussi que vos soins les plus doux
Sont de me donner lieu de me plaindre de vous.

BARSINE

J'ay toûjours cependant tâché par quelque marque
De montrer mon respect pour un si grand Monarque.

SELEUCUS

Ce n'estoit pas assez.

BARSINE

Aussi je reconnoy
Que le respect n'est pas tout ce que je vous doy.
Je sçais encor, Seigneur, quelle reconnoissance
Mon cœur depuis trois ans doit à vostre assistance:
Quand on m'osta mon Pere en le privant du jour,
Vostre bonté m'offrit azile en vostre Cour.

SELEUCUS

Je fis bien plus pour vous, dés que mes yeux vous virent
Je vous donnay mon cœur, mes soûpirs vous l'aprirent,
Et vous deviez, pour suivre en effet mes desirs,
Me rendre cœur pour cœur & soûpirs pour soûpirs.

BARSINE

Apres ce grand honneur, mon cœur eust fait un crime
De ne vous pas donner sa plus parfaite estime.

SELEUCUS

La plus parfaite estime a beau paroistre au jour,

Elle tient lieu d'outrage à qui veut de l'amour.

BARSINE

L'excez de vos bontez d'abord dût me confondre,
C'estoit en abuser, Seigneur, que d'y répondre:
Peut-estre que l'amour que vous vouliez de moy
Vous eust fait refuser la fille d'un-grand Roy,
Et j'aurois crû vous faire en effet un outrage,
De vous avoir fait perdre un si grand avantage.

SELEUCUS

Ce doit m'estre un bon-heur que d'estre son époux,
Mais j'eusse encor esté plus heureux d'estre à vous,
Et le bien que m'asseure un nœud si necessaire,
Ne m'auroit jamais plû, si j'avois pû vous plaire.
Mais puisque tous mes soins n'ont fait que vous aigrir,
C'est icy le dernier qui vous reste à souffrir.
Graces à vos rigueurs, je viens enfin vous dire
Que mon cœur m'a promis de suivre un autre empire.
Qu'il ne veut plus troubler desormais vos appas,
Et quand il le voudroit qu'il ne le pourroit pas.
Voicy le jour choisi pour le double hymenée
Qui doit vous delivrer de ma flâme obstinée,
Et vous touchez aux momens desirez,
Où nous serons tous deux pour jamais separez.
Aymez mon fils en paix, j'aymeray Stratonice;
Elle a dequoy forcer à luy rendre justice,
Et mes soûpirs peut-estre enfin vous seront doux,
Quand vous les entendrez pour une autre que vous.

BARSINE

Sans m'expliquer, Seigneur, agréez que j'acheve
Ce que je dois au rang où vostre choix l'éleve.
Je luy voudrois en vain disputer vostre amour,
Et vostre hymen m'oblige à luy faire ma Cour.

SCENE IV

SELEUCUS, POLICRATE

SELEUCUS

Elle me fuit, l'ingrate, & ma foiblesse est telle
Que j'ay bien de la peine à m'irriter contre elle;
Je ne sçay quoy tousjours m'empesche en sa faveur
De pouvoir à mon gré disposer de mon cœur.

POLICRATE

Mais son dessein, Seigneur, devroit vous satisfaire;
Allant voir Stratonice elle cherche à vous plaire.

SELEUCUS

Que tu sçais mal juger de mon aversion!
L'ingrate pour me fuïr cherche une occasion,
Elle en trouve un pretexte, & prend cet artifice,
Plus pour ne me voir pas, que pour voir Stratonice.
Bien qu'elle se contraigne, elle croit plus avoir
De joye à m'éviter, que de peine à la voir.
Elle la doit haïr d'une haine mortelle,
Et cependant je voy qu'elle me hait plus qu'elle.

POLICRATE

Jugez-en mieux.

SELEUCUS

Pourquoy me flattes-tu tousjours?
Je me flatte moy-mesme assez sans ton secours.
Comment puis-je l'aymer sans qu'au fonds de mon ame
Quelque flatteuse erreur ne nourrisse ma flame?
Je ne doy point douter de ses mépris ingrats,
Mais je serois guery si je n'en doutois pas;
Je la perdrois sans doute avec bien moins de peine,
Si j'estois en effet convaincu de sa haine,
Et desja mon amour seroit hors de mon cœur
S'il n'estoit retenu par quelque espoir trompeur.

POLICRATE

Soit qu'elle soit ingrate, ou soit qu'elle vous ayme,
Son cœur est reservé pour un autre vous-mesme;
Et du moins le perdant, il vous doit estre doux
Qu'il soit à vostre fils s'il ne peut estre à vous.

SELEUCUS

Le Prince m'est bien cher; jamais, je le confesse,
Un pere pour son fils n'eut la mesme tendresse;
J'entre en tout ce qu'il souffre, & ne sens que trop bien
Que le sang qui l'anime est le plus pur du mien.
Cent fois en sa faveur tu m'as entendu dire
Que je pourrois ceder jusques à mon Empire,
Mais aprens, quand on ayme avec beaucoup d'ardeur,
Qu'on peut ceder plustost un Empire qu'un cœur.
Pour mon fils sans regret je perdrois une vie
Dont j'ay mis dans son sein la meilleure partie;
Mais tel, qui sans regret peut renoncer au jour,
Ne peut pas sans douleur renoncer à l'amour.
Mais ma douleur fust-elle encor plus violente,
A l'hymen de mon fils il faut que je consente:
Le voicy. Qu'il est pâle, & qu'il semble agité!

SCENE V

SELEUCUS, ANTIOCHUS, POLICRATE, TIMANTE

SELEUCUS

Qui peut à mon abord vous rendre inquieté?
Vous craignez mon amour, Prince, & je m'imagine,
Qu'on vous a dit qu'icy je parlois à Barsine:
Mais n'aprehendez rien ny d'elle ny de moy,
Elle vient de me fuïr, Stratonice a ma foy,
Et je ne puis changer la parole donnée
D'achever mon hymen cette mesme journée.

ANTIOCHUS

Quand vous pourriez changer, je sçay ce que je doy
Aux desirs de mon Pere, aux ordres de mon Roy,
Et vous pourriez me faire une plus grande injure,
Sans craindre de ma part ny plainte ny murmure.
Ce n'est pas toutefois que j'aye aprehendé
Que vous m'ostiez l'objet que vous m'avez cedé;
Je ne crains pas de voir manquer vostre promesse;
Mais vous n'avez pas craint de voir cette Princesse,
Et vous sçavez, Seigneur, si j'ose m'exprimer,
Qu'on doit craindre de voir ce que l'on craint d'aymer.

SELEUCUS

Non, non, j'ay creu devoir aux yeux de la Princesse
Faire un dernier effort pour vaincre ma foiblesse;
Je l'ay veuë, esperant, aidé par ses dédains,
De retirer mon cœur de ses ingrates mains;
Et pour mieux affermir mon ame chancelante,
Par les derniers soûpirs de ma flâme mourante.
J'ay tâché d'exhaler tous les restes d'ardeur
Qui pourroient estre encor demeurez dans mon cœur.

ANTIOCHUS

Il faut voir pour aymer, & d'où le mal procede,
C'est rarement, Seigneur, que provient le remede.
Vous croyez n'aymer plus, je n'en veux pas douter;
Mais qui croit n'aymer plus peut souvent se flater,
Et l'amour est un mal difficile à connoistre,
Dont on n'est pas guery tousjours, quand on croit l'estre.

SELEUCUS

Deussay-je encor aymer Barsine malgré moy,
Malgré tout mon amour vous recevrez sa foy:
Et deust vostre bonheur rendre ma mort certaine,
La fin du jour sera la fin de vostre peine.

ANTIOCHUS

Ah! plustost qu'à ce prix j'accepte un tel bonheur,
Je renonce à Barsine, épousez-la, Seigneur.

SELEUCUS

Non, Prince, j'ay promis d'épouser Stratonice,
Il faut que ma promesse aujourd'huy s'accomplisse,
Et c'est m'obliger peu que de me presenter
Ce que je ne suis plus en estat d'accepter.

ANTIOCHUS

Depuis que Stratonice a veu partir son Pere,
Elle n'a daigné prendre aucun soin pour vous plaire,
Et son orgueil en vous trouve si peu d'appas,
Que vous l'obligerez de ne l'épouser pas.

SELEUCUS

L'horreur pour Stratonice en vous n'est pas nouvelle,
Sans cesse vous tâchez de m'animer contre elle,
Et vostre aversion vous pouvant abuser,
Vous n'estes pas croyable en voulant l'accuser.

ANTIOCHUS

L'aversion, Seigneur, n'est pas ce qui m'anime,
Je rends à ses apas ce qu'on leur doit d'estime,
Elle est belle, & ses yeux ont des charmes pour tous;
Mais son cœur est plus fier que ses yeux ne sont doux,
J'en conçoy moins d'espoir que je n'en prens d'allarmes,
Et son orgueil me touche encor plus que ses charmes.
Vous avez veu combien elle a pris de soucy
Pour faire retarder son hymen jusqu'icy,
Et combien lentement nous l'avons amenée
Jusques en cette ville aux nopces destinée;
Mille pretextes vains par ses soins inventez
Nous ont en tant d'endroits si long-temps arrestez.
Qu'elle sembloit aller par un fatal caprice,
Au lieu de vostre hymen, comme au lieu d'un suplice.
Plus vostre soin est grand, plus son mépris s'accroist;
Dés que vous paroissez, sa tristesse paroist,
Et si vous l'entendez quelquefois qui soûpire,
Ses yeux en mesme temps prennent soin de vous dire,
Que ce soûpir funeste eschappé de son cœur,
Est bien moins un effet d'amour que de douleur.
Sa fierté mesme enfin à tel point est montée,
Qu'elle ne me peut voir sans paroistre irritée,

Et sans que j'aye en rien merité son couroux,
Si ce n'est pas l'honneur d'estre sorty de vous.

SELEUCUS

Je rentre, & ne veux pas en oüir davantage.
Un droit inviolable à cet hymen m'engage,
Ma parole est donnée, il faut l'executer;
Et puisque c'est un mal qu'on ne peut éviter,
Je le ressens assez sans que l'on m'en instruise,
Et j'ay plustost besoin que l'on me le déguise.

SCENE VI

ANTIOCHUS, TIMANTE

ANTIOCHUS

C'en est fait, j'ay perdu mes soins & mon espoir,
Mon Pere espousera Stratonice ce soir.
Stratonice!

TIMANTE

A ce nom vostre pâleur augmente,
Reposez-vous, Seigneur.

ANTIOCHUS *tombant sur un siege*

Que je souffre, Timante,
Et crains bien que le Ciel n'ait marqué dans mon sort
L'heure de cet hymen pour celle de ma mort!

TIMANTE

Le Roy n'est pas fort loin, & je luy vais apprendre
Le mal inopiné qui vient de vous surprendre.

ANTIOCHUS

Arreste, & garde-toy de luy rien découvrir
D'un mal qu'il peut accroistre & qu'il ne peut guerir;

Il n'est pas nouveau, je l'eus pour mon supplice
Dés le premier instant que je vis Stratonice.
Ah, que pour moy ce fut un malheureux instant!
Hélas!

TIMANTE

Vous soûpirez?

ANTIOCHUS

Ne m'observe pas tant,
Laisse-moy te cacher la cause de ma peine.

TIMANTE

Je suis bien abusé, Seigneur, si c'est la haine,
Pour haïr Stratonice on y void trop d'apas.
Vous changez de couleur?

ANTIOCHUS

Ne me regarde pas.

TIMANTE

Je voy trop qu'à l'aimer vostre ame s'abandonne.

ANTIOCHUS

Ah! garde-toy donc bien d'en rien dire à personne.

TIMANTE

Vous voulez donc l'aimer?

ANTIOCHUS

Moy, vouloir estre amant
De celle qui tousjours me hait obstinément?
Qui prend mesme plaisir à me montrer sa haine,
Et qui tousjours me fuit, ou me souffre avec peine?
Moy, la vouloir aymer? non, c'est trop me trahir,
Non, Timante, plustost je la voudrois haïr;
Mais à te dire vray, je sens malgré moy-mesme
Que ce qu'on veut haïr est souvent ce qu'on aime.

TIMANTE

C'est donc par quelque espoir d'avoir un jour sa foy
Que vous voulez contre elle aigrir tousjours le Roy,
Et le dépit ardant que vous faites paroistre
N'est en effet qu'amour?

ANTIOCHUS

Cela pourroit bien estre,
Mais l'ingrate me hait.

TIMANTE

En estes-vous certain?

ANTIOCHUS

J'en voudrois bien douter, mais helas! c'est en vain;
Ses soins pour m'éviter chaque jour m'en instruisent,
Quand je m'offre à ses yeux ses regars me le disent,
Et quand je veux parler pour m'en instruire mieux,
Sa bouche avouë encor tout ce qu'ont dit ses yeux.
La cruelle rougit d'une fureur soudaine,
Et m'ose hautement assurer de sa haine.
C'est l'ordinaire effet de l'invincible horreur
Qui d'une Belle-mere aigrit tousjours le cœur,
Et qui fait qu'un Beau-fils, qu'un Pere favorise,
Luy semble un ennemy qu'il faut qu'elle détruise.

TIMANTE

Mais Barsine vous aime, & vous croit son amant?
Vous devez l'épouser?

ANTIOCHUS

C'est mon plus grand tourment.
Devant que j'eusse veu l'ingrate que j'adore,
Je l'aimois, & mon cœur voudroit l'aimer encore;
Mais je sens, dans l'ardeur qui me vient enflamer,
Qu'on n'aime pas tousjours ce qu'on voudroit aimer.

TIMANTE

Du mal que vous souffrez la moindre connoissance

De l'hymen de Barsine aujourd'huy vous dispense;
Le Roy vous aime trop, Seigneur, pour vous presser.

ANTIOCHUS

Mon mal est bien plus grand que tu ne peux penser,
Je me sens tout de flame, & tousjours sans relasche
Une fiévre maligne à mes humeurs s'attache;
Mon ame a sçeu par tout répandre sa langueur,
Mon sang a pris sa part du trouble de mon cœur,
Et mes esprits brûlans, par leurs courses soudaines
Ont enfin fait couler mon feu jusqu'en mes veines;
Mais rougissant de voir ce qui me fait brûler,
J'aime encor beaucoup mieux en mourir qu'en parler,
Mon amour fait mon mal, Timante, & je m'expose,
En découvrant l'effet, à découvrir la cause;
Je me sens si honteux, & j'ay tant de regret
De n'aimer plus qui m'aime, & d'aimer qui me hait,
Qu'aussi bien je mourrois de honte & de tristesse,
Si l'ingrate que j'aime avoit sçeu ma foiblesse.
Quoy? l'orgueilleuse auroit le plaisir de sçavoir
Que malgré moy mon ame est toute en son pouvoir?
Qu'elle peut sur mon cœur beaucoup plus que moy mesme,
Qu'elle me hait enfin bien moins que je ne l'aime,
Et que c'est en effet pour elle que je meurs?
Ah, ce seroit pour moy le plus grand des malheurs.
Elle n'aura jamais cette barbare joye,
Si je ne la hay pas, je veux qu'elle le croye;
Je veux, malgré l'amour dont je me sens surpris,
Montrer haine pour haine, & mépris pour mépris,
Et que l'indigne ardeur dont j'ay l'ame enflamée,
Soit une honte au moins dans mon cœur renfermée.
Deussay-je de douleur en mourir à l'instant,
Je veux voir son hymen d'un visage content,
Et conclure à ses yeux le fatal mariage
Où je sçay qu'aussi bien ma parole m'engage,
Je répons que Barsine aura ma main ce soir.
Mais je me sens encor trop foible pour la voir.
Rentrons.

TIMANTE

Quoy! vous craignez, Seigneur, de voir Barsine?
Quand votre cœur pour elle enfin se détermine?

ANTIOCHUS

Je crains de luy montrer un peu trop de froideur,
Je répons de ma main, mais non pas de mon cœur.

Fin du Premier Acte

ACTE II

SCENE PREMIERE

PHILIPE, STRATONICE, ZENONE

PHILIPE

Je ne permettray point que l'hymen se differe,
Perdez-en le desir, je n'y puis satisfaire;
Vous sçavez qui je suis.

STRATONICE

Ouy, je le sçay, Seigneur,
Vous pouvez tout sur moy, ma Mere est vostre sœur.
Je sçay qu'il faut icy, par l'ordre de mon Pere,
Que je vous obeïsse & que je vous revere,
Je sçay qu'entre vos mains il a remis ses droits,
Et que tous vos desirs me sont autant de loix.
Je ne vous presse pas de rompre l'hymenée,
Où pour le bien public je me voy destinée;
Mais pour me disposer à recevoir ces nœuds,
Laissez-moy, s'il se peut, encore un jour ou deux,
Et daignez m'accorder ce terme pour détruire
Le trouble qui me gesne & que l'hymen m'inspire.

PHILIPE

Vous m'en dites beaucoup, mais j'en vois encor plus;

Vous trouvez peu d'apas sans doute en Seleucus,
Et ce trouble secret dont vous estes gesnée,
A plustost pour l'objet l'espoux que l'hymenée.
Mais ce trouble sur vous eust-il plus de pouvoir,
Il faut que Seleucus vous espouse ce soir:
L'heure en est déja prise, & ce jour seul vous reste,
Employez-le à bannir cette haine funeste,
Songez qu'il faut regner, & que l'ambition
Doit estre des grands cœurs l'unique passion,
Qu'il ne faut rien haïr que ce qui vous peut nuire,
Qu'il ne faut rien aimer à moins que d'un Empire;
Preparez-y vostre ame, & pour donner des loix,
Hastez-vous d'obeïr pour la derniere fois.

SCENE II

STRATONICE, ZENONE

STRATONICE

Que ne sçais-tu la peine où tu me vas reduire,
Cruel, qui veux me voir maistresse d'un Empire?
Que ne suis-tu mes vœux, & pour toute faveur
Que ne me laisses-tu maistresse de mon cœur!
Voy, Zenone, à quel prix est ma haute naissance,
Elle ne peut laisser mon cœur en ma puissance,
Et pour avoir le droit de me faire obeïr,
Je perds la liberté d'aimer & de haïr.

ZENONE

Mais contre Seleucus quel sujet vous anime?
Madame, il n'a pour vous fait voir que de l'estime.

STRATONICE

Zenone, il est certain, mais le Prince son fils
N'a pour moy jusqu'icy fait voir que du mépris.

ZENONE

Le Roy cherche à vous plaire avec un soin extrême.

STRATONICE

Le Prince Antiochus n'en use pas de mesme.

ZENONE

Le Roy vous aimera, bornez-y vos souhaits.

STRATONICE

Mais le Prince son fils ne m'aimera jamais.

ZENONE

Vous nommez tant ce Fils, à vos desirs contraire,
Qu'on diroit qu'il vous touche un peu plus que son Pere.

STRATONICE

Le Roy cherit ce Prince, & son aversion
De son Pere & de moy peut troubler l'union.
Voilà pourquoy j'en parle, & ce que j'en doy craindre.

ZENONE

Vous n'avez pas encor sujet de vous en plaindre;
Il est vray qu'il fait voir pour vous quelque froideur,
Mais son indifference émeut trop vostre cœur.
Croyez-moy, vous n'auriez ny regret ny colere
De ne luy plaire pas s'il n'avoit pû vous plaire,
Et vous pourriez le voir sans douleur aujourd'huy
Indifferent pour vous, si vous l'estiez pour luy.

STRATONICE

Quoy? ne connois-tu pas quel soin & quelle peine
Je prends incessamment pour luy montrer ma haine?

ZENONE

Si vous le haïssiez, vous n'auriez pas besoin,
D'avoir pour le montrer tant de peine & de soin.

STRATONICE

Je ne le voy jamais sans rougir de colere.

ZENONE

Rougir est de l'amour un effet ordinaire.

STRATONICE

Mais autant que je puis je fuis toûjours ses pas.

ZENONE

Si vous ne le craigniez, vous ne le fuïriez pas.

STRATONICE

Hé bien, juge à ton gré de mon desordre extrême;
Croy que je crains d'aimer, mais ne croy pas que j'aime.

ZENONE

Mais vous-mesme croyez qu'il est à présumer
Que l'on aime déja dés que l'on craint d'aimer.

STRATONICE

Le Prince aime Barsine, & je n'y puis pretendre,
Il l'espouse ce soir. Mais que vient-on m'aprendre?

SCENE III

STRATONICE, ZABAS, ZENONE

ZABAS

Barsine vient, Madame, en ce lieu pour vous voir.

STRATONICE

Barsine? qu'elle vienne, il la faut recevoir.

ZENONE

Ce nom vous fait pâlir, & malgré vous, Madame,
On voit jusqu'en vos yeux le trouble de vostre ame;
Mais à tort vostre esprit contre elle est animé,
Le Prince, à ce qu'on dit, n'en est pas fort aimé.

STRATONICE

Crois-tu qu'on dise vray? Barsine feint peut-estre,
On aime quelquefois sans le faire connoistre.

ZENONE

Pourriez-vous bien y prendre un si grand interest,
Si vous ne l'aimiez pas ... mais Barsine paroist.

SCENE IV

STRATONICE, BARSINE, ZENONE, CEPHISE

STRATONICE

Je me trouve surprise, & sçachant qui vous estes,
Je n'osois esperer l'honneur que vous me faites.

BARSINE

Je vous connois, Madame, & je sçay qui je suis,
Le sang dont vous sortez a fait tous mes ennuis;
Je sçay que pour détruire un puissant adversaire,
Vostre Ayeul Antigone a fait mourir mon Pere,
Et que de nos Maisons les cruels differens
Pouvoient me dispenser des soins que je vous rends.
Mais si vostre maison a détruit ma famille,
Vous prenez un espoux dont je vais estre fille,
Et je doy mon respect au rang où vous montez,
Comme je doy ma haine au sang dont vous sortez.

STRATONICE

L'hymen de Seleucus m'est un grand advantage,

Puisque de vostre haine enfin il me dégage.
Et qu'il me justifie en faveur de son rang
Du seul crime qu'on puisse imputer à mon sang.

BARSINE

L'hymen d'Antiochus ne m'est pas moins propice,
Puisqu'il faut qu'avec vous ce nœud sacré m'unisse,
Et m'épargne, en faveur d'un devoir plein d'apas,
La peine que j'aurois à ne vous aimer pas.
Mais je souhaitterois qu'un nœud si favorable
Vous pûst estre aussi doux qu'il doit m'estre agreable,
Et pour combler mes vœux je voudrois que le Roy
Eust pour vous les apas que le Prince a pour moy.

STRATONICE

Si le Prince vous plaist, croyez que dans son Pere
Je ne voy rien aussi qui ne me doive plaire,
Et que je vous souhaitte en recevant sa foy,
Autant d'amour pour luy que j'en ay pour le Roy.

BARSINE

Si vous aimez le Roy, je confesse, Madame,
Qu'on ne peut trop louër la force de vostre ame,
Et que l'on doit avoir sans doute en pareil sort
Une grande vertu pour un si grand effort.
Si pour le Prince encor vous estiez destinée,
Je vous verrois l'aimer sans en estre estonnée,
Vostre âge avec le sien ayant plus de raport,
Un peu d'amour pour luy ne surprendroit pas fort;
Il a des qualitez dont un cœur jeune & tendre
N'auroit pas peu de peine à se pouvoir deffendre,
Et dont l'apas brillant, sans qu'on dûst s'estonner,
Pourroit rendre l'amour qu'on luy pourroit donner.
Mais que de vostre cœur vous vous rendiez maistresse,
Jusques à le forcer d'avoir de la tendresse
Pour un Roy qui n'a rien qui puisse en inspirer;
C'est en quoy l'on ne peut assez vous admirer.

STRATONICE

Mais contez-vous pour rien l'éclat qui l'environne,
Les charmes de son Trône, & ceux de sa Couronne,

Et toutes les douceurs du pouvoir souverain
Où je vais prendre part en recevant sa main?
Si mon choix vous surprend, le vostre aussi m'étonne;
Le Roy vous presentoit son Sçeptre, & sa personne,
Et je plains vostre cœur abusé par vos yeux,
D'avoir choisi le Prince, ayant pû choisir mieux.
Tout ce qu'il a d'aimable est assez ordinaire,
Ou je me connois mal en ce qui devroit plaire:
Il me cache les traits que vous trouvez si doux,
Ou je n'ay pas les yeux si penetrans que vous,
Et je n'y trouve rien, quoy que vous puissiez dire,
Qui pust justifier le refus d'un Empire.
Il est vray qu'il est jeune, & le Roy ne l'est pas:
Mais croyez-vous qu'un Trosne, avec tous ses apas,
Ne doive pas paroistre aux yeux d'une Princesse,
Plus doux & plus brillant qu'un peu plus de jeunesse?
Le Roy, malgré son âge, est tousjours un beau choix;
Un peu de cheveux gris ne sied point mal aux Roys;
Et quand on peut atteindre à des grandeurs solides,
Un Diadéme au front efface bien des rides.

BARSINE

Quand l'ambition seule occupe tout un cœur,
Je croy que hors du Trône il n'est point de douceur,
Mais pour croire à ce point la grandeur precieuse,
Le Ciel ne m'a pas faite assez ambitieuse.

STRATONICE

Quand l'amour touche une ame, aussi je croirois bien,
Que hors de ce qu'on aime on n'estime plus rien,
Mais pour aimer le Prince, & ne m'en pas deffendre,
Le Ciel m'a fait un cœur qui n'est pas assez tendre.

BARSINE

Ainsi, grace au destin, nos cœurs seront tous deux
Par des biens differens également heureux:
Nulle de nous n'aura ce que l'autre souhaite,
Et chacune aura lieu d'estre si satisfaite,
Qu'il ne pourra rester à pas une en secret,
Le moindre sentiment d'envie & de regret.
Mais il faut vous laisser, le jour d'une hymenée

Est toujours, quoy qu'on die, une grande journée,
Et dans de pareils soins, on doit s'occuper mieux,
Qu'à perdre en vains discours un temps si precieux.

SCENE V

STRATONICE, ZENONE

STRATONICE

Hé bien, avois-je tort, quand j'ay creu que Barsine
Pouvoit aimer le Prince à qui l'on la destine?
Tout ce qu'elle en a dit vient de me confirmer
Qu'elle y voit trop d'apas, pour ne le point aimer.

ZENONE

Avois-je tort aussi, lors que j'ay creu, Madame,
Que le Prince en secret avoit touché vostre ame?
Sçauriez-vous à regret qu'elle y voit des apas,
Et qu'elle l'aime enfin, si vous ne l'aimiez pas?
Vous connoissez ma foy, ne cherchez plus d'adresses.
Vous l'aimez? avouez-le.

STRATONICE

Ah, Dieux, que tu me presses!
Je te laisse tout croire, & veux tout endurer,
Mais si je l'aime, au moins laisse-moy l'ignorer.

ZENONE

Il est bien malaisé d'ignorer que l'on aime;
L'amour se fait tousjours assez sentir luy mesme,
Et quand un cœur se cache un mal si plein d'apas,
Il feint de l'ignorer, & ne l'ignore pas.
Vous déguisez en vain un si cruel martyre.
Quoy, vous baissez les yeux, & ne m'osez rien dire?

STRATONICE

Que faut-il davantage? avoir les yeux baissez,

Et n'oser dire rien, n'est-ce pas dire assez?

ZENONE

Enfin vous confessez que l'amour vous surmonte?

STRATONICE

D'où me pourroit provenir tant de honte?
Je sens ce qu'en effet je ne puis exprimer,
Mais je ne sçay pas bien encor si c'est aimer.

ZENONE

Dieux! que me dites-vous?

STRATONICE

Que veux-tu que je die?
L'amour m'est inconnu, je n'aimay de ma vie,
Mais pourtant, dans le trouble où mes sens sont reduis,
Je croy que quand on aime, on est comme je suis.
Ouy, Zenone, en effet je commence à le croire,
Je commence à vouloir n'aimer plus pour ma gloire,
Mais si de ma frayeur j'ose te faire part,
Je crains de commencer à le vouloir trop tard;
Je crains que cette ardeur, dans mon cœur trop cachée,
Pour en pouvoir sortir, n'y soit trop attachée,
Et qu'un mal si honteux pour l'avoir trop souffert,
Ne puisse estre guery quand il est découvert.
Mais quand j'aurois au cœur d'assez grandes foiblesses
Pour ne pas estouffer ces indignes tendresses,
Ne croy point que je manque à suivre mon devoir,
Ne croy point que le Roy n'ait pas ma main ce soir.
Je puniray ce cœur, qui ne me veut pas croire,
Ce cœur, qui veut aimer aux dépens de ma gloire,
Puisqu'il m'est infidelle, & qu'il veut aujourd'huy
Faire un choix malgré moy, j'en feray malgré luy;
Puisqu'il entreprend bien d'aimer pour mon supplice
Ce que je veux haïr avec tant de justice,
J'entreprendray d'aimer ce qu'il pretend haïr,
Et je le trahiray, comme il m'ose trahir.

ZENONE

C'est donc pour ce sujet, qu'avec tant de constance

Par tout d'Antiochus vous fuyez la presence?

STRATONICE

Ouy, je l'ay tousjours fuy, de crainte qu'en effet
On ne connust que j'aime un ingrat qui me hait.

ZENONE

Mais du Prince en effet connoissez-vous la haine?

STRATONICE

Il ne s'en cache pas, tant il a l'ame vaine,
Et j'apprens tous les jours, que dés qu'il parle au Roy,
Il ne peut s'empescher de parler contre moy.

ZENONE

Il faut donc empescher vostre amour de paroistre.

STRATONICE

Ouy, ouy, mon lâche cœur n'en sera pas le maistre,
Je forceray ma bouche, en choquant ses desirs,
A ne laisser sortir aucun de ses soûpirs;
Je craindray ce qu'il veut, je fuiray ce qu'il aime,
Et s'il faut voir le Prince enfin malgré moy mesme,
J'empescheray mes yeux de prester à mon cœur
Aucun regard qui puisse exprimer sa langueur.

SCENE VI

ANTIOCHUS, STRATONICE, TIMANTE, ZENONE

ANTIOCHUS *à Timante*

Viens, suy-moy chez Barsine, allons sans plus attendre,
Je me sens de la force assez pour l'entreprendre.
Mais je voy Stratonice.

STRATONICE

O Dieux! le Prince sort.

ANTIOCHUS

Esvitons sa rencontre.

STRATONICE

Esvitons son abord.

ANTIOCHUS

Montrons que je la hay.

STRATONICE

Montrons que je l'abhorre.

TIMANTE *à Antiochus*

Vous avancez tousjours.

ZENONE *à Stratonice*

Vous demeurez encore.

ANTIOCHUS

Allons, retirons-nous.

STRATONICE

Allons, sortons d'icy.

ANTIOCHUS *à Stratonice*

Hé quoy, vous me fuyez?

STRATONICE

Vous me fuyez aussi.

ANTIOCHUS

Si je vous fuis, au moins j'apprens de vostre fuite
Que ce ne doit pas estre un soin qui vous irrite.

STRATONICE

Vostre fuite m'apprend si j'evite vos pas
Que c'est un soin aussi qui ne vous déplaist pas.

ANTIOCHUS

Ce soin ne devroit pas en effet me déplaire.
Toutesfois ...

STRATONICE

Achevez,

ANTIOCHUS

Non, il vaut mieux me taire;
Aussi-bien où je voy vostre sort & le mien,
Ce que je vous dirois ne serviroit de rien.

STRATONICE

Je dois aussi tousjours & vous fuïr & vous nuire;
Cependant ...

ANTIOCHUS

Dites tout.

STRATONICE

Il vaut mieux ne rien dire,
Aussi-bien en l'estat où je voy nostre sort,
Ce que je vous dirois pourroit me faire tort.

ANTIOCHUS

Si vous sçaviez les maux que mon malheur m'envoye ...
Mais si vous les sçaviez, vous auriez trop de joye.

STRATONICE

Rien ne doit maintenant vous causer de soucy,
Vous allez estre heureux!

ANTIOCHUS

Vous l'allez estre aussi,

STRATONICE

Vous espousez ce soir une beauté bien chere.

ANTIOCHUS

Ce mesme soir aussi vous espousez mon Pere.

STRATONICE

Je vous entends, & voy qu'aux cœurs ambitieux
Le nom de Belle-mere est toûjours odieux.
Je vous fache en ce rang, mais je veux bien qu'on sçache
Que cét hymen me plaist d'autant plus qu'il vous fâche,
Et que ce nom fatal dont vous estes jaloux,
Par l'horreur qu'il vous fait me semble encor plus doux.

ANTIOCHUS

Je croy sans ce secours mon Pere assez aimable
Pour vous faire trouver cét hymen agreable.

STRATONICE

Peut-estre vous croyez que j'ay peine à l'aimer,
Et l'âge où l'on le voit vous le fait présumer?
Mais je veux vous forcer de croire le contraire,
Je veux que vous sçachiez qu'il m'a d'abord sçeu plaire,
Et que le Roy pour moy, malgré ses cheveux gris,
N'auroit rien d'odieux, s'il n'avoit point de fils.
Ouy, sans rien déguiser, Prince, je vous confesse
Que vous luy dérobez beaucoup de ma tendresse,
Que vous causez pour luy ce que j'ay de froideur,
Et qu'il n'a que son fils qui luy nuise en mon cœur.

ANTIOCHUS

Vous me haïssez donc?

STRATONICE

J'y mets toute ma gloire,
Et mettray tous mes soins à vous le faire croire.

ANTIOCHUS

Achevez, & pour moy montrez tant de couroux,

Que vous me contraigniez d'en prendre aussi pour vous.
Inspirez-moy l'orgueil dont vostre ame est si pleine,
Et versez dans mon cœur un peu de vostre haine.

STRATONICE

Ce n'est pas un secours dont vous avez besoin,
Vous me haïrez bien sans que j'en prenne soin.

ANTIOCHUS

J'y feray mes efforts, & sans vostre assistance
Mon cœur peut-estre encor n'en perd pas l'esperance.

STRATONICE

Vous en viendrez à bout, je n'en veux point douter.
Mais c'est trop vous souffrir, & c'est trop m'arrester,
Adieu, croyez toûjours que ma haine est extrême,
Prince & si je vous haïs, haïssez-moy de mesme.

SCENE VII

ANTIOCHUS, TIMANTE

ANTIOCHUS

Ah si vous me laissez l'ordre de vous haïr,
Laissez-moy donc aussi le pouvoir d'obeïr,
Cruelle, & si pour vous ma haine est necessaire,
Pour m'empescher d'aimer, empeschez-vous de plaire.
Vous demandez ma haine? ah, ne pouviez vous mieux
Mettre aujourd'huy d'accord vostre bouche & vos yeux?
Peuvent-ils à la fois vouloir avec justice,
Et que je vous adore, & que je vous haïsse,
Et deviez vous prester, pour ma peine en ce jour,
Vostre bouche à la haine, & vos yeux à l'amour?
Moy, vous haïr? helas! le devez-vous pretendre,
Comme si de mon choix mon cœur pouvoit dépendre,
Et comme si l'ardeur qui fait mon desespoir,

Avoit laissé pour vous ma haine en mon pouvoir?

TIMANTE

Quoy, vous l'aimez encor, Seigneur, qu'est devenuë
Cette fierté qu'en vous j'ay toujours reconnuë,
Et l'orgueil qui regna toûjours dans vostre cœur,
Souffre-t-il sans dépit cette indigne rigueur?

ANTIOCHUS

Helas! je voudrois bien paroistre moins esclave,
Je voudrois bien braver l'ingrate qui me brave,
Pour avoir du dépit mon cœur fait ce qu'il peut,
Mais on n'a pas toûjours du dépit quand on veut.
J'ay beaucoup enduré, je sçay que l'inhumaine
Me parloit seulement pour m'exprimer sa haine,
Je souffrois des rigueurs qui devoient m'émouvoir;
Mais, Timante, j'avois le plaisir de la voir,
Et par l'effet puissant du charme qui me touche,
Ses yeux adoucissoient les rigueurs de sa bouche.
Je te diray bien plus, tous les soins qu'elle a pris
N'ont pû persuader mon cœur de ses mépris;
Je trouve aux mots cruels qu'elle m'a fait entendre
Certain charme secret que je ne puis comprendre;
J'ay peine à m'alarmer, & sans sçavoir pourquoy,
Je ne sçay quel espoir me flatte malgré moy,
Tant il est naturel, dans un malheur extrême,
De se flatter toûjours, mais sur tout quand on aime.

TIMANTE

Mais Barsine, Seigneur, vous oblige à la voir,
Si vous avez dessein de l'espouser ce soir.

ANTIOCHUS

Je ne puis, mon mal croist, voyons plustost mon Pere,
Afin que s'il se peut, son hymen se differe,
Fust-ce d'un seul moment, ne m'en détourne pas,
C'est toûjours d'un moment differer mon trépas.

Fin du Second Acte

ACTE III

SCENE PREMIERE

STRATONICE, SELEUCUS, POLICRATE, ZENONE

STRATONICE

Le soin de nostre hymen tout entier vous regarde,
Et si vous souhaittez, Seigneur, qu'on le retarde,
Vous en estes le maistre, & dans ce sentiment
Vous n'avez pas besoin de mon consentement.

SELEUCUS

Si vous n'y consentez, je ne puis l'entreprendre.

STRATONICE

Si vous le desirez, je ne puis m'en deffendre,
Et vous avez déja sur moy des droits sacrez
Pour me faire vouloir ce que vous desirez.
Ne consultez que vous, differez sans rien craindre,
J'aurois bien du regret, Seigneur, de vous contraindre.

SELEUCUS

N'outragez point ma foy jusqu'à vous figurer
Que par froideur pour vous je cherche à differer.
Mon cœur suit mon devoir & ma seule tendresse
Demande ce delay pour mon fils qui m'en presse.

STRATONICE

Quoy, ce delay, Seigneur, du Prince est souhaité?

SELEUCUS

Luy-mesme avec ardeur m'en a sollicité;

Sans luy jamais ce soin n'eust entré dans mon ame.

STRATONICE

Quoy, luy-mesme?

SELEUCUS

Ouy, luy seul, n'en doutez point, Madame.

STRATONICE

Ah, je n'en doute point, & mon cœur interdit,
En croit bien plus encor que vous n'en avez dit;
Je croy qu'aupres de vous le Prince a l'injustice
De me rendre toûjours quelque mauvais office;
Je croy qu'il ne peut voir mon hymen qu'à regret,
Je croy que mon bon-heur fait son tourment secret,
Je croy qu'il veut m'oster ce que j'obtiens de gloire,
Je croy qu'il vous y porte.

SELEUCUS

Ah, c'est un peu trop croire.

STRATONICE

Quoy, Seigneur, dans la haine où je le voy pencher,
Prenez-vous interest jusqu'à me la cacher?

SELEUCUS

Non je n'entreprens point de vous cacher sa haine,
Je sçay que je prendrois une inutile peine,
Puis qu'on ne voit que trop en chaque occasion
Les bizarres effets de cette aversion,
Et que son ame en est si fortement touchée,
Qu'il me desavoüeroit si je l'avois cachée.
Je n'entreprens icy que de vous assurer
Que c'est un sentiment qu'il ne peut m'inspirer;
Que je ne trouve en vous rien qui ne doive plaire,
Que la haine du fils ne va point jusqu'au Pere,
Et que cette injustice indigne de son rang
A du moins respecté la source de son sang.

STRATONICE

Si je vous plais, Seigneur, je dois estre contente;
Toute autre aversion doit m'estre indifferente,
Et mon ame livrée au pouvoir d'un espoux
Doit borner ses desirs & ses craintes en vous.
On peut croire pourtant que sa haine enflamée
Auroit desja cessé si vous m'aviez aimée,
Et qu'ayant sur un fils un pouvoir absolu,
Il auroit pû m'aimer si vous l'aviez voulu.

SELEUCUS

N'accusez que mon fils, asseurez-vous, Princesse,
Qu'il ne tient pas à moy que sa haine ne cesse.
J'ay fait ce que j'ay pû pour vous en faire aimer,
Il a des sentimens qu'on ne peut trop blamer,
Et j'aurois empesché son cœur d'oser les prendre,
Si jusques sur son cœur mes droits pouvoient s'étendre;
Il tient de moy le jour, il est dessous ma loy,
Mais son ame est un bien qu'il ne tient pas de moy;
Les Dieux dont elle vient par leur loy souveraine
L'ont faite indépendante & libre dans sa haine,
Et le Ciel dans mes droits ne m'a point accordé
Un pouvoir que les Dieux n'ont pas mesme gardé.
Je l'ay pourtant reduit enfin à me promettre
De respecter le rang où ma main vous doit mettre;
Mais son cœur, pour dompter cét aveugle transport,
Demande un peu de temps pour un si grand effort,
Et si vous souhaitez que sa haine finisse . . .

STRATONICE

Non, non, puisqu'il le veut, Seigneur, qu'il me haïsse,
Achevez nostre hymen, & cessons aujourd'huy
De le vouloir forcer à m'aimer malgré luy.

SELEUCUS

Quoy, je n'obtiendray point le delay qu'il desire?

STRATONICE

Je vous l'ay déja dit, je suis sous vostre empire,
C'est de vous que dépend ce que vous demandez,

Et j'y consentiray si vous le commandez.
Mais si vostre bonté d'autre part considere
Le jour qu'on a choisi, les vœux que j'ose faire,
Et ce qu'on doit au sang dont j'eus l'heur de sortir,
Vous ne me voudrez pas forcer d'y consentir.
Je consens à sa haine, & dois trop peu la craindre
Pour luy vouloir donner le loisir de l'éteindre;
M'en faire aimer, Seigneur, ce seroit me trahir,
Je ne vous cele point que je le veux haïr,
Je n'y veux espargner, ny temps, ny soin, ny peine,
Et pour le bien haïr j'ay besoin de sa haine:
Souffrez qu'il la conserve, & sans plus consulter,
Pressez le nœud fatal qui la peut augmenter.
Il y va de ma gloire à le haïr sans cesse;
Sauvez-moy du peril d'une indigne tendresse,
Et si vous ne voulez trahir mes justes vœux,
Ne vous empeschez pas de nous haïr tous deux.

SCENE II

SELEUCUS, POLICRATE

SELEUCUS

Connois-tu ma disgrace, & les peines cruelles
Où me vont exposer leurs haines mutuelles?
Helas! cher Policrate, en ces extrémitez
Pourrois-tu dans mon cœur jetter quelques clartez?
Stratonice et le Prince ont un desir contraire,
Quels droits doy-je garder ou d'espoux ou de pere,
Et qui doit l'emporter sur mes sens interdits,
Du devoir ou du sang, d'une femme ou d'un fils?

POLICRATE

Seigneur, quoy que du sang la puissance soit forte,
Il faut sans balancer que le devoir l'emporte.
De ce jour pour l'hymen vous-mesme avez fait choix,
Et rien n'est préferable aux paroles des Rois:

C'est au desir du Prince à respecter le vostre,
Ou pour mieux dire, il doit n'en avoir jamais d'autre.

SELEUCUS

Il le doit, je le sçay, mais je ne sçay pas bien
Si son desir aussi ne seroit pas le mien.

POLICRATE

Quoy, Seigneur, cét hymen auroit pû vous déplaire,
Jusques à desirer aussi qu'on le differe?

SELEUCUS

Helas! si je sondois mon cœur sans le flatter,
J'apprehendrois bien de n'en pouvoir douter,
D'y rencontrer toûjours une flame mutine,
Et de n'y rien trouver plus avant que Barsine:
Il me semble en effet que mon cœur qui s'émeut,
Cherche à n'y renoncer que le plus tard qu'il peut,
Et que devant ailleurs une foy qui l'engage,
Il tâche à reculer, s'il ne peut davantage;
Pour avoir du delay je me suis trop pressé
Pour ne m'y croire pas moy-mesme interessé,
Et le cruel refus que l'on vient de m'en faire,
Me devroit moins toucher si je n'estois que pere.
Je ne croyois tantost parler que pour mon fils;
Mais je crains qu'en effet je ne me sois mépris,
Que je n'aye en secret confondu dans mon ame
L'interest de mon sang & le soin de ma flâme;
Que les desirs du Prince en de tels déplaisirs,
N'ayent servy que de voile à mes propres desirs,
Et que pour l'exprimer dans mon cœur qui murmure,
L'Amour n'ait emprunté la voix de la Nature;
L'empire de Barsine a des charmes pour moy,
Que j'ay peine à quitter ... Mais, ô Dieux! je la voy.

SCENE III

SELEUCUS, BARSINE, CEPHISE, POLICRATE

SELEUCUS

Venez, venez m'aider, inhumaine Princesse,
A m'arracher de l'ame un reste de foiblesse;
Mon cœur, ce lâche cœur que vous sçeustes charmer,
Malgré moy, malgré vous, ose encor vous aimer.
Amenez, pour briser des chaînes si cruelles,
Des dédains redoublez, des cruautez nouvelles;
Venez armée enfin d'un exces de rigueur,
Et d'un surcroist de haine, au secours de mon cœur,

BARSINE

Moy, vous haïr, Seigneur? estre à ce point ingrate,
Pour un Roy dont le soin en ma faveur esclate,
Et qui m'ayant comblé de bien-faits infinis,
M'aime encor jusqu'au point de me donner son fils?

SELEUCUS

Ah, si ce don vous plaist, gardez-vous de me plaire,
Essayez d'affoiblir vostre charme ordinaire;
Et de peur que vos yeux ne me semblent trop doux,
Meslez-y quelques traits d'orgueil & de couroux.
Irritez-moy, de peur que je ne m'attendrisse,
Sauvez-moy ma vertu par un peu d'injustice,
Et n'ayant pû m'aimer, pour le moins en ce jour
Prestez-moy vos mépris pour vaincre mon amour.
Mon cœur m'avoit promis de suivre un autre empire;
Et cependant le traistre est prest à se dédire,
Est prest à violer la foy de nos Traitez,
Si vous n'y mettez ordre avec vos cruautez.

BARSINE

L'heur de vous obeïr fait ma plus chere envie,
Demandez-moy, Seigneur, & mon sang & ma vie,
Et tout ce que je puis jusques à mon trépas;
Mais pour des cruautez ne m'en demandez pas,

Et daignez n'exiger de mon obeïssance
Que des efforts au moins qui soient en ma puissance.

SELEUCUS

Hé quoy, pour m'accabler avez vous entrepris
De me refuser tout jusques à vos mépris?
Quoy, n'aurez-vous pour moy jamais eu que colere,
Tant que vostre rigueur à mes vœux fut contraire?
L'aurez-vous fait toûjours éclater avec soin,
Et n'en aurez-vous plus lors que j'en ay besoin?
Apres avoir pour moy conservé vostre haine,
Tandis qu'elle devoit ne servir qu'à ma peine,
Pourrez-vous bien la perdre icy mal à propos,
Alors qu'elle pourroit servir à mon repos?
Serez-vous à me nuire assez ingenieuse,
Pour prendre une pitié pour moy si rigoureuse,
Pour un bonheur passé me faire un mal present,
Et pour m'outrager mesme en me favorisant?

BARSINE

Non, non, puisque pour vous ma tendresse est à craindre,
Je feray mes efforts afin de me contraindre,
Et pour vous obeïr, je cacheray, Seigneur,
Le mieux que je pourray les secrects de mon cœur.
Le silence à qui souffre est pourtant difficile,
La plainte est toûjours douce encore qu'inutile,
Et mon sort à tel point devient injurieux,
Que je pourrois me plaindre, ou de vous, ou des Dieux.
Mais pour soulagement du mal qui me menace,
Je borne tous mes vœux dans une seule grace,
Si vous me l'accordez mon sort sera plus doux,
Et je ne me plaindray ny des Dieux ny de vous.

SELEUCUS

Je ne suis pas encore en estat d'entreprendre,
De vous refuser rien que vous puissiez pretendre,
Parlez & demandez, bien, dignité, grandeur;
Demandez tout enfin, mais exceptez mon cœur:
Ma foy l'engage ailleurs, je la dois à ma gloire,
Ne le demandez pas si vous me voulez croire;
Ou plustost pour tout dire & pour vous retenir,

Ne le demandez pas de peur de l'obtenir.

BARSINE

La faveur que j'attens ne sera pas si grande,
Le seul droit d'un refus est ce que je demande,
Et tout ce que je veux, c'est qu'il me soit permis
De ne pas espouser le Prince votre fils.

SELEUCUS

Vous n'aimez pas mon fils! est-il bien vray, Princesse?

BARSINE

Il est trop vray, Seigneur, excusez ma foiblesse,
Ce don venant de vous doit m'estre precieux,
Si mon cœur m'en croyoit, il plairoit à mes yeux,
Et mon ame à ce Prince auroit esté donnée,
Si son destin ailleurs ne l'eust point entraisnée.
Mais forcée à faillir, j'aime mieux en effet
Estre ingrate à demy, que l'estre tout à fait,
Je tâche à m'arrester à la moitié du crime,
Et croy devoir plustost par un soin legitime
Luy refuser un cœur qui suit d'autres appas,
Que d'oser le promettre & ne le donner pas.

SELEUCUS

Si vous avez un cœur pour le Prince invincible,
Pour quels autres appas peut-il estre sensible?
Que je connoisse au moins qui vous pouvez aimer.

BARSINE

Ah! ne me pressez point de vous en informer,
En disant ce secret je ne puis que vous nuire,
Et si vous m'en pressez j'ay peur de vous le dire.

SELEUCUS

Pour quelque Roy voisin gardez-vous vostre amour?

BARSINE

Non, mes vœux ne vont pas plus loin que vostre Cour.

SELEUCUS

Timante aprés mon fils tient la premiere place,
Est-ce luy qui vous plaist?

BARSINE

Sa naissance est trop basse.

SELEUCUS

Ce n'est pas moy; du moins vous vous taisez?

BARSINE

Hélas!
Si ce n'estoit pas vous, je ne me tairois pas.

SELEUCUS

Vous m'aimeriez, Princesse? ah! Dieux, le puis-je croire?
Vos dédains ne sont pas sortis de ma memoire,
Et mon cœur engagé par un droit absolu,
N'auroit esté qu'à vous si vous l'aviez voulu.

BARSINE

Et ne sçavez-vous pas quelle est la peine extréme
Qu'une fille a tousjours pour avoüer qu'elle aime,
Et que ce sexe fier qui se rend à regret,
Refuse bien souvent ce qu'il veut en secret?
J'ay tusjours sçeu le prix d'un cœur tel que le vostre;
Et quand j'ay refusé ce bien qu'obtient une autre,
Je n'ay pas creu le perdre, & j'osois me flater
De l'espoir de me voir contraindre à l'accepter.
Mais cét espoir cessa lors que je vis vostre ame,
Pour plaire à vostre fils, renoncer à ma flame,
Car enfin qui renonce à l'objet de son feu,
Ou n'aime point du tout, ou n'aime que bien peu.
Le Ciel sçait quels tourmens mon ame dépitée
Souffrit pour vous quiter quand vous m'eutes quitée,
Et quels furent alors les efforts que je fis
Pour m'arracher au pere & me promettre au fils;
Ouy, voyant qu'à ce fils vous me vouliez soûmettre,
Je luy promis mon cœur, mais l'ay-je pû promettre,
Et dois-je estre forcée à luy tenir ma foy

Si j'ay promis un bien qui n'estoit pas à moy?
Puis-qu'il veut estre à vous, souffrez qu'il y demeure,
Je ne demande point de fortune meilleure,
Endurez ma foiblesse, & dispensez ma foy
D'achever un hymen qui me comble d'effroy.
Dégagez-moy, Seigneur, de l'injustice extréme
De ne pouvoir aimer ce qu'il faudra que j'aime,
Et vous mesme rompez des nœuds mal assortis,
De peur de dérober mon cœur à vostre fils.
Mais enfin si ma voix foiblement vous touche,
Mes yeux pour vous fléchir se joignent à ma bouche,
Et pour avoir le droit de n'aimer point ailleurs,
Je confonds à vos pieds ma priere & mes pleurs.

SELEUCUS

Ah, levez-vous, Madame, & retenez vos larmes,
Vos yeux pour me toucher ont assez de leurs charmes,
Et ces brillants autheurs des troubles que je sens,
Sans le secours des pleurs ne sont que trop puissans,
Vous n'avez pas besoin des larmes qu'ils répandent,
J'accorde à vos desirs tout ce qu'ils me demandent,
Et crains d'accorder mesme à vos charmans apas
Ce que peut-estre encor vous ne demandez pas.

BARSINE

Ah, Seigneur, quand on suit ce que la gloire inspire,
On ne demande pas tout ce que l'on desire;
Je n'ay garde d'avoir assez de vanité
Pour demander le cœur que vous m'avez osté;
Il est en d'autres mains, & je ne puis pretendre
Que vous l'en retiriez afin de me le rendre.
Je cede à Stratonice, elle peut mieux que moy
Obtenir & garder l'amour d'un si grand Roy;
Mieux que moy vous paroistre, utile, illustre, & belle,
Et je ne puis, Seigneur, que vous aimer mieux qu'elle.

SELEUCUS

Ah, c'est un bien encor qui me peut éblouïr,
Pourquoy me l'offrez-vous si je n'en puis joüir,
Et s'il faut m'affliger comme d'un mal extréme,
Du bonheur d'estre aimé de la beauté que j'aime?

J'ay beau presser pourtant mon cœur que vous charmez
De sentir du regret de ce que vous m'aimez;
Je ne puis empescher, quelque soin que j'employe,
Qu'il n'en prenne en secret une maligne joye,
Je me trouve en peril, par un adveu si doux,
De renoncer à tout pour me donner à vous,
De trahir mon devoir, ma gloire, & mon Empire.
Helas! si vous m'aimez, deviez-vous me le dire?
Ou plustost, s'il est vray que vous m'aimiez sans fard,
Princesse, deviez-vous me le dire si tard?
Que n'avez-vous fait voir l'ardeur qui vous anime,
Alors que je pouvois y répondre sans crime?
Quand vous pouviez me rendre heureux innocemment ...
Mais qui fait avancer Zabas si promptement?

SCENE IV

SELEUCUS, BARSINE, ZABAS, POLICRATE, CEPHISE

ZABAS

Philon, un Estranger qui sert chez Stratonice,
Seigneur, & qui sous moy vous a rendu service,
Vous demande en secret audience à l'instant,
Afin de vous donner un avis important.

SELEUCUS

Je n'ay pas maintenant le loisir de l'entendre,
Vous mesme prenez soin que l'on le fasse attendre.

BARSINE

Non, non, Seigneur, pour moy ne vous arrestez pas;
Je vais me retirer, allez-y de ce pas,
Puisque l'avis importe, il faut vous en instruire.

SELEUCUS *à Zabas*

Je passe au cabinet, vous l'y pouvez conduire.

SCENE V

BARSINE, CEPHISE

CEPHISE

Sans cét advis funeste à contre-temps venu,
Vostre adresse, Madame, auroit tout obtenu.

BARSINE

Apprens que cét advis que tu nommes funeste,
Du dessein commencé doit achever le reste,
Et que cét Estranger qui vient parler au Roy,
Est un ressort nouveau qui n'agit que pour moy.
Il nacquit dans Pergame, & sujet de mon pere,
Il s'est tousjours fait voir empressé pour me plaire:
Et soit dans nostre Cour, ou prés de Seleucus,
C'est à mes soins qu'il doit les biens qu'il a receus;
N'ayant pas rencontré Stratonice chez elle,
J'ay remarqué tantost cét homme plein de zele;
Tu me l'as veu long-temps entretenir tout bas,
Il doit par un mensonge aider à mes apas;
Il vient pour dire au Roy qu'il sçait que Stratonice
N'a pour luy que mépris, que haine, & qu'injustice,
Qu'elle a pris pour le Prince un amour si puissant
Qu'elle ne peut cacher les ennuis qu'elle sent;
Qu'enfin c'est un secret qu'il a sçeu d'elle-mesme,
Et que la connoissant dans cette peine extréme,
Il n'estimeroit pas son silence innocent,
Et qu'il croit la servir mesme en la trahissant.
Juge quel grand succez de cét avis doit naistre;
En suitte par mon ordre il ne doit plus paroistre,
De peur qu'en le pressant il ne se confondist,
Et ne soutînt pas bien tout ce qu'il auroit dit.

CEPHISE

Stratonice & le Prince ont fait voir tant de haine,
Que le Roy ne croira cét amour qu'avec peine.

BARSINE

On est aisément creu quand on flate un amant;

Mais le Roy n'en eust-il qu'un soupçon seulement,
Il voudra retarder cette union funeste,
Et si j'obtiens du temps, j'obtiendray bien le reste.

CEPHISE

Mais ne brûlez-vous point pour le Prince en secret,
Et pourrez vous enfin le perdre sans regret?

BARSINE

Ah, ne m'en parle pas, n'éveille point ma flame;
Il n'est plus pour l'amour de place dans mon ame,
L'ambition l'emporte, & ce mouvement fier
N'a pas trop pour luy seul de mon cœur tout entier.
Je voy ma destinée au point d'estre concluë,
Laisse-moy sans foiblesse en attendre l'issuë,
Et permets à mon ame aprés tant de revers,
De voir ce que j'obtiens sans voir ce que je pers.

Fin du Troisiéme Acte

ACTE IV

SCENE PREMIERE

TIMANTE, ANTIOCHUS

TIMANTE

Quoy, vous voulez sortir en l'estat où vous estes?

ANTIOCHUS

Ouy, c'est avec tes soins en vain que tu m'arrestes,

Sçachons si ma priere enfin a reussi.

TIMANTE

Mais vostre fiévre augmente?

ANTIOCHUS

Et mon amour aussi.
Mon corps brûle, il est vray, mais ce qu'il a de flame
N'est qu'un écoulement des ardeurs de mon ame;
Et toute ma foiblesse, & toute ma langueur,
Ont leur terme en mon sang, & leur source en mon cœur.

TIMANTE

Stratonice, aussi-tost que le Roy l'aura veuë,
A retarder l'hymen se sera resoluë.

ANTIOCHUS

Ah, ce n'est pas assez encor pour me guerir,
Et c'est mourir plus tard, mais c'est tousjours mourir.

TIMANTE

Quels sont donc vos desirs?

ANTIOCHUS

Mon cœur d'abord s'obstine
A vouloir s'exempter de l'hymen de Barsine;
Mais ce soulagement n'est pas en mon pouvoir,
Et si c'est mon desir, ce n'est pas mon espoir.
L'ordre du Roy mon pere, & ma foy qui m'engage,
M'empeschent d'esperer un si grand avantage.

TIMANTE

Il n'est rien dont icy vous ne veniez à bout,
Le Roy vous aime assez pour vous accorder tout.

ANTIOCHUS

Quand mon pere pourroit rompre cét hymenée,
Pourroit-il contenter cette ardeur forcenée,
Qui ne peut sans ma mort souffrir entre ses bras

Une ingrate que j'aime & qui ne m'aime pas?
Pour me guerir, Timante, il faut qu'il me la cede,
Et tu sçais si je puis esperer ce remede.

TIMANTE

Hazardez-vous, Seigneur, d'advoüer vostre feu.

ANTIOCHUS

Le trépas m'est plus doux cent fois que cét aveu;
Et si par toy mon pere en avoit connoissance,
Tu n'éviterois pas ma haine & ma vengeance.
Mais quand j'obtiendrois tout, & quand mesme le Roy
En faveur de mes feux voudroit trahir sa foy,
La cruelle beauté qui fait ma destinée
Ne se donneroit pas quand il l'auroit donnée,
Et quand il m'offriroit ce charme de mes yeux,
N'en estant point aimé, je n'en serois pas mieux.
Pour me guerir, Timante, il faudroit l'impossible,
Il faudroit que l'ingrate à mes maux fust sensible,
Il faudroit l'émouvoir, il faudroit l'attendrir,
Et ne le pouvant pas, Timante, il faut mourir.
C'est l'unique remede au tourment qui me presse.
Mais j'aperçoy le Roy, cachons bien ma foiblesse.

SCENE II

SELEUCUS, ANTIOCHUS, TIMANTE

SELEUCUS

Prince, je vous cherchois, & j'ay sans perdre temps
A vous communiquer des secrets importans.
Ce qui de mes tourmens fait maintenant le pire,
C'est que je n'ay rien pour vous d'agreable à dire,
Et que vous souffrirez beaucoup à m'accorder
Ce que pour mon bonheur je viens vous demander.
Vous sçavez bien, mon fils, avec quelle tendresse
Dans vos moindres ennuis mon ame s'interesse:

Vous avez veu combien je me suis affligé
Du chagrin invincible où vous estes plongé:
Vous sçavez que pour vous, par un effort extréme,
J'ay trahy mon amour en cedant ce que j'aime;
Et qu'il est rare encor de voir jusqu'à ce jour
Le sang et la raison l'emporter sur l'amour.
Enfin, Antiochus, vous pouvez bien comprendre
Que j'auray dans vos maux beaucoup de part à prendre,
Et que mon cœur touché le premier de vos coups,
En vous faisant souffrir, souffrira plus que vous.

ANTIOCHUS

Seigneur, le noir chagrin qui tousjours me devore
Ne vous a rien osté puisque je vis encore,
Et vous devant la vie & le jour que je voy,
Tant que j'en joüiray, vous pourrez tout sur moy.

SELEUCUS

Mais estes-vous mon fils armé d'un grand courage?
M'en pourrez-vous donner un puissant témoignage?
Vous sentez-vous capable enfin d'un grand effort?

ANTIOCHUS

Ouy, fust-il mille fois plus cruel que la mort.

SELEUCUS

Hé bien, s'il faut vous dire à quels vœux je m'obstine,
Cessez, Prince, cessez de pretendre à Barsine.

ANTIOCHUS

Quoy, vous m'ordonneriez de n'y pretendre rien?

SELEUCUS

Cét ordre est bien cruel, mon fils, je le sçay bien,
Mais sçachez que Barsine est pour vous sans tendresse,
Si je romps vostre hymen, c'est elle qui m'en presse:
Vostre amour s'en esmeut? mais aprés son refus,
Prince, si vous m'aimez, il ne faut l'aimer plus;
Il faut faire ceder l'amour à la nature,
Cét effort est bien grand, vostre cœur en murmure,

Mais enfin, si mon fils n'est ingrat aujourd'huy,
Il doit faire pour moy ce que j'ay fait pour luy.

ANTIOCHUS

Il est juste, & desja mon cœur sans peine incline
A vous sacrifier mon amour pour Barsine;
Et quand j'y trouverois mille fois plus d'apas,
En estant méprisé, je ne l'aimerois pas.

SELEUCUS

Ah, que vous m'obligez de vaincre cette flame!
Je reconnois mon sang à cette grandeur d'ame,
J'admire cét effort de generosité,
Et je sçay ce qu'il vaut, par ce qu'il m'a cousté.
Mais aprés ce succez, oserois-je vous dire
Que ce n'est pas encor tout ce que je desire?
Helas! c'est un bonheur qui passe mon espoir.

ANTIOCHUS

Vous pouvez l'esperer s'il est en mon pouvoir.

SELEUCUS

Je n'ose pas le croire, & j'ay peine à pretendre
Que mesme vous puissiez le vouloir entreprendre;
L'honneur en seroit grand, mais vous serez surpris,
Et vous ne voudrez point d'honneur à si haut prix.
Je tremble à m'expliquer, & tremble avec justice,
Car enfin pourriez-vous espouser Stratonice?

ANTIOCHUS

Espouser Stratonice! ah, Seigneur!

SELEUCUS

Ah, mon fils,
Je vous le disois bien que vous seriez surpris.
Le desordre qu'on voit sur tout vostre visage,
Des troubles de vostre ame est un seur témoignage,
Vostre bouche se taist, mais vos regards confus
A son deffaut desja m'expliquent vos refus.

ANTIOCHUS

Je suis surpris sans doute, & ne m'en puis deffendre;
Mais quand j'obeïrois, qu'en pourriez-vous attendre?
Stratonice pour moy superbe au dernier point,
Quand j'offrirois mon cœur, ne le recevroit point.

SELEUCUS

Ce pretexte est mal pris, Stratonice vous aime,

ANTIOCHUS

Elle m'aime?

SELEUCUS

Ouy, mon fils, & d'un amour extréme.
Par le fidelle aveu de Philon qui la sert,
Ce secret vient d'estre à l'instant découvert.

ANTIOCHUS

Philon a pû vous faire un raport infidelle.

SELEUCUS

D'abord sans hesiter j'ay creu cette nouvelle,
Mais je viens d'ordonner pour mieux estre éclaircy,
Et que l'on s'en asseure, & qu'on l'amene icy.

ANTIOCHUS

Si Stratonice m'aime, il n'est rien d'impossible;
Elle est fille, elle est belle, & mon cœur est sensible,
Il ne m'est plus permis, Seigneur, de la haïr,
Et mon cœur vous doit trop pour vous desobeïr.

SELEUCUS

O d'un cœur genereux effort incomparable!
Que de ce dernier bien je vous suis redevable!
Mon fils, vous m'asseurez l'objet de mon amour,
Et j'ay moins fait pour vous en vous donnant le jour.
Mais remettons ailleurs à vous en rendre grace,
Il faut bien-tost icy que Stratonice passe;
Sans son oncle Philippe, elle a dans ce moment

Sorty pour voir Barsine en son appartement.
Laissez-moy l'engager au choix que je desire.

ANTIOCHUS

Elle vient, j'obeïs, & me retire.

SCENE III

STRATONICE, SELEUCUS, ZENONE, POLICRATE

SELEUCUS

Le Prince en me voyant est promptement rentré;
Mais il m'a fait plaisir de s'estre retiré,
Et s'il souffre au moment qu'à ses yeux je me montre,
Je souffre pour le moins autant à sa rencontre.

SELEUCUS

Le soin qu'il prend, Madame, à tort vous est suspect,
Sa haine paroist moins icy que son respect,
Le Prince a l'ame fiere, & non pas inhumaine,
Son cœur mesme est plus propre à l'amour qu'à la haine,
Et mieux que je n'ay creu, reconnoit aujourd'huy
Les secretes bontez que vous avez pour luy.

SELEUCUS

Qui, moy? j'aurois pour luy quelques bontez secretes?

SELEUCUS

Il reçoit sans mépris l'honneur que vous luy faites;
Et son aversion dont vous vous alarmez,
Finira maintenant qu'il sçait que vous l'aimez.

STRATONICE

Moy, l'aimer! quoy, le Prince est assez vain pour croire
Qu'il me fait oublier mon devoir & ma gloire?
Quoy, ce fils indigné de vous voir mon espoux,

Présume d'usurper ce qui n'est dû qu'à vous,
D'exciter dans mon ame un amour temeraire,
Et d'arracher mon cœur jusqu'aux mains de son Pere?
Il m'estime donc lâche assez pour me trahir,
Jusqu'à l'oser aimer quand il m'ose haïr?
Il pense donc me rendre à ce point insensée?
Ah, je luy feray bien perdre cette pensée,
Je sçauray le convaincre à force de mépris,
Qu'en croyant que je l'aime il s'est beaucoup mépris;
Et son ame fust-elle encor cent fois plus vaine,
Je l'empescheray bien de douter de ma haine.

SELEUCUS

Vostre esprit de scrupule & de crainte agité,
Doute peut-estre encor de ma sincerité,
Et je veux, prévenant vostre aveu par un autre,
Que mon secret vous aide à découvrir le vostre;
Si l'amour est un crime ailleurs qu'en un espoux,
Il ne me trouve pas plus innocent que vous;
Comme vous, je rougis d'une erreur qui m'est chere,
Si mon fils vous a plû, Barsine a sçeu me plaire,
Et ce seroit vous faire une trop dure loy,
De condamner en vous ce que je souffre en moy.
Mon erreur rend icy la vostre legitime,
Nous nous justifions par un mutuel crime,
J'authorise vos feux aimant d'autres apas,
Et serois criminel si vous ne l'estiez pas.

STRATONICE

Quoy, sans estre content du tort que vous me faites,
Vous me croyez coupable à cause que vous l'estes,
Et me faisant injure en me manquant de foy,
Vous voulez que le crime en tombe encor sur moy?
Preferez-moy Barsine au Prince destinée,
Et violez la foy que vous m'avez donnée;
Mais si cette injustice a pour vous tant d'apas,
Pour la commettre au moins ne me l'imputez pas.

SELEUCUS

Pourquoy vous obstiner à cacher vostre flâme?
C'est un soin inutile, on m'a tout dit, Madame.

STRATONICE

Tout dit? & qui, Seigneur?

SELEUCUS

Un fidelle témoin,
Qui sçait vostre secret, & qui n'est pas fort loin.
J'ay tout sçeu de Philon.

STRATONICE

Je confondray ce traistre.

SELEUCUS

On va me l'amener, vous l'allez voir paroistre.

SCENE IV

POLICRATE, STRATONICE, SELEUCUS, ZENONE

POLICRATE

Seigneur, brûlant de voir vostre ordre executé,
J'ay couru chez Philon assez bien escorté:
Mais je n'ay pris d'abord qu'une peine inutile;
Ce traistre estoit déja sorty de cette ville.
Ayant sçeu toutesfois qu'il n'estoit pas fort loin,
J'ay conduit mon escorte avec un si grand soin,
Que nous l'avons atteint, le suivant à la trace,
Sur le pont de Daphné sous qui l'Oronte passe.
Alors reconnoissant qu'il vouloit fuïr en vain,
Il s'est en cét endroit arresté tout soudain;
Et s'écriant, pressé de sa propre injustice,
Je suis un imposteur qui merite un suplice,
De crainte, de remords, & de rage emporté,
Dans le courant du fleuve il s'est precipité.
J'ay fait ramer apres, mais malgré mon envie
On l'a trouvé si tard, qu'on l'a trouvé sans vie.

STRATONICE

Ainsi, graces aux Dieux, la mort d'un imposteur
Prouve mon innocence & fait voir vostre erreur.

SELEUCUS

Vous me voyez resver pour tâcher de connoistre
Qui peut à ce mensonge avoir poussé ce traistre.

STRATONICE

Sçachant l'amour qu'ailleurs on vous a sçeu donner,
Vous estes le premier qu'on pourroit soupçonner,
Mais le respect qu'en moy le nom d'espoux imprime,
Me force à n'oser pas vous imputer ce crime,
Et ce soupçon qu'arreste un nom déja si doux,
Tombe sur vostre fils, n'osant tomber sur vous.
Je vois où contre moy l'aversion l'engage;
Pour rompre nostre hymen il met tout en usage,
Et n'a point eu d'horreur des moyens les plus bas,
Pour pouvoir m'arracher du Trône & de vos bras.

SELEUCUS

Je connois mieux mon sang, la gloire en est trop pure,
Pour se pouvoir soüiller d'une lâche imposture.

STRATONICE

Le cœur de vostre fils est pour moy plein d'horreur,
Et le sang le plus pur tient des taches du cœur:
Mais vous, ny vostre fils n'aurez plus lieu de croire
Que j'aye aucune ardeur qui soit contre ma gloire.

SELEUCUS

Vous estes innocente, il est vray, mais, helas!
Je vous devrois bien plus si vous ne l'estiez pas;
En choisissant mon fils, vous finiriez ma peine.

STRATONICE

Je me doy toute à vous, & je luy doy ma haine:
Et quand bien je n'aurois ny haine, ny dépit,
Mon choix seroit toûjours celuy qu'on m'a prescrit.

C'est un malheur pour moy, qu'une Beauté plus rare
De vostre ame seduite à ma honte s'empare,
Et que sans nul respect du sacré nom d'espoux,
Vous vous donniez ailleurs, quand je me donne à vous.
C'est trahir vostre foy, Seigneur, mais cette offence
Du soin de mon devoir n'a rien qui me dispense,
Et mon cœur, quelque fruit qu'il puisse en recueillir,
Vous doit suivre à bien faire, & non pas à faillir;
Vous l'aurez tout entier, comme si pour une autre
Je n'avois jamais sçeu que vous m'ostez le vostre.
Et peut-estre ayant fait pour vous ce que je doy,
Ferez vous quelque effort pour estre tout à moy.

SELEUCUS

Hé bien, puisqu'à ce choix vous estes obstinée,
Il faut, Madame, il faut achever l'hymenée,
Et n'ayant pas le droit d'y renoncer sans vous,
Puisque vous le voulez, je seray vostre espoux.
A vous donner ma main ma parole m'engage,
Vous aurez dés ce soir ce funeste avantage;
Mon cœur tâchera mesme à remplir son devoir,
Et sera tout à vous s'il est en son pouvoir;
Mais si devant vos yeux ma crainte ose paroistre,
J'ay bien peur qu'en effet je n'en sois pas le maistre,
Et que l'objet fatal qui l'a trop sçeu toucher,
Fust-il entre vos mains, ne l'en vienne arracher.
Qu'il vous souvienne au moins, si ce tort vous anime,
Qu'il n'a tenu qu'à vous de m'épargner ce crime,
Et que sentant mon cœur touché d'autres apas,
J'ay fait ce que j'ay pû pour ne vous trahir pas.

SCENE V

ZENONE, STRATONICE

ZENONE

Hé quoy, vous preferez, sans que rien vous alarme,

Le Roy qui vous déplaist, au Prince qui vous charme,
Et vostre ame en effet sensible à ses apas,
Voit ce qu'elle aime offert, & ne l'accepte pas?

STRATONICE

Pouvois-je l'accepter sans une honte extrême?
Le Prince a des apas, on me l'offre, & je l'aime;
Mais il ne m'aime pas, & toute ma fierté
Auroit esté trahie à l'avoir accepté.
Zenone, voudrois-tu que j'eusse la foiblesse
De faire à cet ingrat connoistre ma tendresse,
D'estre à luy sans luy plaire, & par un choix trop bas,
De luy donner un cœur qu'il ne demande pas?

ZENONE

Mais à choisir le Roy quel soin vous authorise?
Aussi bien que le fils le pere vous méprise,
Et du moins ayant veu leurs mépris confirmez,
Vous deviez faire choix de ce que vous aimez.

STRATONICE

Que tu sçais mal juger des soins qui me retiennent!
Les mépris sont cruels de quelque part qu'ils viennent,
Mais ils le sont bien moins pour un cœur enflâmé,
D'un objet qui déplaist, que d'un objet aimé.
Ce qui nous touche peu ne nous offence guere;
Mais quand un mépris vient d'une personne chere,
Un cœur qui les reçoit & qui s'y vient offrir,
Comme il est plus sensible, en a plus à souffrir.
Quand bien j'aurois choisi l'ingrat qui me surmonte,
Que m'eust produit ce choix, qu'un surcroist à ma honte?
Je dépends, tu le sçais, d'un oncle ambitieux,
Qui veut par mon hymen que je regne en ces lieux,
Et si je voy le Prince, apres son imposture,
Je ne doy plus penser qu'à vanger cette injure,
Et qu'à le mettre enfin hors d'estat aujourd'huy,
De m'imputer jamais des foiblesses pour luy;
Je veux luy faire voir tant d'orgueil tant de haine ...

ZENONE

Il vient, vous rougissez?

STRATONICE

Ne t'en mets point en peine;
J'ay surmonté ma flâme, & ce peu de rougeur
En est un reste encor qui s'enfuit de mon cœur.

SCENE VI

ANTIOCHUS, STRATONICE, ZENONE, TIMANTE, ZABAS

ANTIOCHUS

Madame, pardonnez au trop d'impatience
Qui me fait de mon sort chercher la connoissance,
Je sens quelque rayon & de joye & d'espoir,
Et je croy que le Roy vous aura fait sçavoir ...

STRATONICE

Ouy, Prince, je sçay tout.

ANTIOCHUS

Vous sçavez donc la peine...

STRATONICE

Ouy, je sçais à quel point vous meritez ma haine;
Je sçais ce qu'attendoit mon cœur encor douteux,
Pour vous pouvoir haïr autant que je le veux;
Je sçais où contre moy la haine vous emporte,
Mais sçachez que la mienne est encore plus forte,
Et malgré vos soins, les effets feront foy
Que vous ne sçavez pas si bien haïr que moy.

SCENE VII

ANTIOCHUS, ZABAS, TIMANTE

ANTIOCHUS

Ah, si je ne le sçay, vous pourrez me l'apprendre,
Instruit par vos dédains, j'ose encore pretendre
D'encherir à mon tour sur vostre ingrat couroux,
Et me pouvoir vanter de haïr mieux que vous,
Mon violent dépit sçaura si loin s'étendre ...
Mais la superbe fuit, & ne peut plus m'entendre.
Vous, témoins des transports dont je suis agité,
N'estes-vous point surpris de cette indignité?
N'estes-vous point confus de l'air dont l'inhumaine
M'a fait voir tant d'orgueil avecque tant de haine,
Et ne seriez-vous pas encore plus surpris,
Si j'estois insensible à de si grands mépris?

ZABAS

Seigneur, il est certain que jamais injustice
Ne sçauroit esgaler celle de Stratonice,
Et que vostre grand cœur apres ce traitement
Ne peut faire éclater trop de ressentiment.
Vous n'avez dit d'abord rien qui ne luy dust plaire,
C'est sans nulle raison qu'elle a tant de colere,
Vostre plainte est fort juste, & son cœur violent
A tort de s'emporter ...

ANTIOCHUS

Taisez-vous, insolent.
Stratonice a raison, & j'ay tort de m'en plaindre;
Osez-vous en médire où je suis sans rien craindre?
Allez, lâche flateur, apprendre à parler mieux,
Et gardez bien jamais de paroistre à mes yeux.

Zabas se retire.

Ah, Timante, je sens, quoy que je puisse faire,
Que mon cœur revient, & chasse ma colere,
Ou plustost je sens bien à ce soudain retour

Que ma colere mesme est changée en amour.
Qu'ay-je fait, malheureux! ah, que je suis coupable!
Bien loin de respecter cette ingrate adorable,
J'ay suivy mon orgueil, & me suis emporté
Jusques à murmurer contre sa cruauté.
Que dis-je, murmurer? j'ay bien eu l'asseurance
D'aller jusqu'au dépit, & jusqu'à l'insolence,
Et tous mes sentimens ont bien pû se trahir
Jusqu'à la menacer mesme de la haïr.
Ah, souffre que je coure en l'ardeur qui m'anime,
Implorer à ses pieds le pardon de mon crime.

Il revient sur ses pas.

Hé quoy, sans m'arrester, sans faire aucun effort,
Timante m'abandonne à mon lâche transport;
Et peut souffrir qu'aux pieds d'une fiere Princesse,
Je m'en aille estaler ma honte & ma foiblesse!

TIMANTE

Vostre amour est si fort, qu'y vouloir resister,
Seigneur, c'est vous déplaire ensemble & l'augmenter.

ANTIOCHUS

Non, non, c'est quand tu vois que ma foiblesse est grande,
Qu'il me faut du secours, & que je t'en demande.
Ayde-moy, cher Timante, à bannir sans retour
De mon ame outragée un si honteux amour;
Retrace à mon esprit, pour l'aigrir davantage,
De ce dernier mépris l'insuportable image;
Fay-moy ressouvenir de toute la fierté
Qu'a témoigné pour moy cette ingrate beauté;
Sur tout empesche bien que mon cœur ne l'oublie,
Ce cœur qui fait le brave, & dont je me défie,
Et qui sçachant fort bien qu'elle ose le trahir,
Tâche de l'oublier de peur de la haïr.

TIMANTE

Mais tout vostre visage & s'altere & se trouble,
Sortez d'icy, Seigneur, vostre mal y redouble.

ANTIOCHUS

Fay-moy fuïr mon amour, allons où tu voudras;
Mais où peut-on aller où l'amour n'aille pas?

Fin du Quatriéme Acte

ACTE V

SCENE PREMIERE

BARSINE, CEPHISE

BARSINE

Non, la mort de Philon ne m'a point alarmée;
En s'avoüant coupable, il ne m'a point nommée,
Et quand on sçauroit tout, le Roy mesme aujourd'huy
Imputeroit mon crime à mon amour pur luy.
Il est temps d'achever le bonheur où j'aspire,
Allons prendre une main qui nous donne un Empire,
Desja je touche au Trône, & je me puis flater
Que le degré qui reste est facile à monter.
Il me semble pourtant que si prés d'estre heureuse
Mon ardeur pour regner n'est guere impetueuse,
Que je vais chez le Roy sans nul empressement,
Et que je monte au Trône un peu bien lentement.

CEPHISE

Si proche du grand bien que le Ciel vous envoye,
Madame, vous montrez en effet peu de joye.

BARSINE

D'où me pourroit venir cette indigne langueur?
Seroit-ce point l'amour qui s'émeut dans mon cœur?
C'est le Prince, ouy, c'est luy, c'est ce fils temeraire
Qui s'obstine en mon ame à combattre son pere,
Et qui d'un cœur ingrat se voulant ressentir,
Tâche à le déchirer avant que d'en sortir.
Mais quelque fort qu'il soit, il faut pourtant qu'il sorte,
L'ambition sur moy se trouve encor plus forte.
C'est le soin des grands cœurs, & veritablement
L'amour des cœurs oisifs n'est que l'amusement.
A l'hymen d'un grand Roy bornons nostre esperance;
Hastons-nous d'avancer ... Mais luy mesme il avance.

SCENE II

SELEUCUS, BARSINE, CEPHISE

SELEUCUS

Ah! Princesse!

BARSINE

Seigneur, quel trouble vous surprend?

SELEUCUS

Il n'en fut jamais un plus juste ny plus grand,
C'est un crime en ce lieu pour moy que la constance,
Je pers tout mon bonheur, mon unique esperance,
Je sens percer mon cœur, & tarir à mes yeux
Le plus pur de mon sang & le plus precieux.

BARSINE

Seroit-ce bien le Prince?

SELEUCUS

Il est trop vray, Madame,

Ce fils qui m'est si cher est prest à rendre l'ame,
Et plus mourant que luy, je viens par ma douleur
Essayer d'émouvoir vostre ame en sa faveur.

BARSINE

Son mal me touche plus que je ne le puis dire.

SELEUCUS

Il ne tiendra qu'à vous d'empescher qu'il n'expire

BARSINE

Son salut est certain si je le puis causer.

SELEUCUS

Jugez par ce recit si j'ay pû m'abuser.
Dés le premier avis envoyé par Timante,
Que le Prince tomboit dans une fiévre ardente,
Accablé de douleur, avec empressement,
J'ay passé tout esmû dans son apartement.
Il estoit en foiblesse, & sa langueur mortelle
Eust touché de pitié l'ame la plus cruelle,
Et l'eussiez-vous haï, l'exces de ses malheurs
A vos yeux comme aux miens eust arraché des pleurs.
Je l'ay trouvé sans force, & sans marque de vie,
Son visage estoit pâle, & sa fraischeur ternie,
Ses levres conservoient encor quelque couleur;
Mais par l'effort mourant d'un reste de chaleur,
Dessus sa bouche seule un dernier trait de flame
Sembloit avoir laissé des traces de son ame.
Il estoit estendu sans aucun sentiment,
Son poux mesme desja perdoit le mouvement;
Il ne luy restoit rien de sa vigueur premiere,
Ses yeux, quoy qu'entr'ouverts, n'avoient plus de lumiere,
Et dans leurs feux esteints on remarquoit d'abord
L'absence de la vie & l'ombre de la mort.
De mon fils toutesfois l'ame presque envolée
A semblé tout à coup par mes cris r'appellée,
Et la vie & le jour que j'ay sçeu luy donner,
N'ont par respect, ce semble, osé l'abandonner.
Ses sens sont revenus, mais sa veuë agitée
Ne s'est sur nul objet de long-temps arrestée,

Et pressé d'expliquer ses maux & ses desirs,
Son cœur n'a répondu que par de longs soûpirs,
Mais qui, tous déguisez qu'ils ayent essayé d'estre,
Pour des soûpirs d'amour se sont fait reconnoistre.
A ma veuë emporté d'un trouble sans égal,
Il n'a pû me cacher que je suis son rival:
Son transport l'a forcé de m'avoüer luy-mesme
Qu'il meurt pour me ceder la Princesse qu'il aime,
Qu'il la donne au devoir, mais qu'au moins son amour
Le force en la perdant de perdre aussi le jour.
Aprés ces mots sa fiévre a paru redoublée,
Je n'ay rien sçeu de plus, sa raison s'est troublée,
A prendre aucun repos il n'a pû consentir,
Et mesme de sa chambre il a voulu sortir.
Mais le peu qu'il m'a dit trop clairement s'explique;
Son mal est un effet de nostre amour tragique,
Et je viens vous presser par les nœuds les plus doux
De sauver par pitié mon fils qui meurt pour vous.
Aussi-bien Stratonice à nos vœux est contraire;
Accordez-vous au fils, ne pouvant estre au pere,
Et luy donnant la main pour sortir du tombeau,
De mon sang qui s'esteint r'animez le plus beau.
Si mon amour vous plaist, dans cet autre moy-mesme
C'est la meilleure part de mon cœur qui vous aime.
Et tout ce qu'en effet j'ay d'esprits aujourd'huy,
N'est qu'un reste de ceux qui sont passez en luy.

BARSINE

Ce fils vous est si cher, qu'il ne m'est pas possible,
En aprenant son mal, d'y paroistre insensible,
Ma pitié mesme ira, sçachant vos déplaisirs,
Jusqu'à sacrifier mon cœur à ses desirs,
Si vostre amour pour moy, devant qu'on nous unisse,
Peut aller jusqu'à rompre avecque Stratonice.

SELEUCUS

Quoy, trahir mon devoir pour conserver mon fils!
Ah, n'en estes-vous pas un assez digne prix?
Pour racheter ma vie & payer son remede,
Ne m'en couste-t'il pas assez quand je vous cede,
Et sans trahir ma foy pour luy sauver le jour,
Ne fais-je pas assez de trahir mon amour?

BARSINE

Si vostre foy vous presse, afin d'y satisfaire,
En l'estat qu'est le Prince, obtenez qu'on differe,
Et vous pourrez apres trouver facilement
Un pretexte plausible à rompre entierement.
Si vostre ame à ce choix ne se peut pas soûmettre,
Pour le Prince, Seigneur, je ne puis rien promettre,
Je souffre que d'un fils vous fassiez mon espoux,
Et luy cediez un cœur qui veut n'estre qu'à vous.
Mais enfin mon amour plus tendre que le vostre,
Ne sçauroit vous souffrir entre les bras d'une autre,
Et peut bien, pour vous plaire & vous tout accorder,
Se resoudre à vous perdre & non à vous ceder.

SELEUCUS

Il faudra differer, mais cependant, Princesse,
Montrez-vous à mon fils avec quelque tendresse.

BARSINE

Je feray mes efforts, Seigneur, pour obeïr.

SELEUCUS

Allons ... Mais jusqu'icy quel bruit se fait oüir?

SCENE III

ANTIOCHUS, SELEUCUS, BARSINE, POLICRATE, TIMANTE

ANTIOCHUS *fuyant ceux qui le suivent et se voulant tuër*

C'est trop souffrir, mourons.

SELEUCUS *luy ostant son espée*

Respecte au moins ton pere,
Qui mourra de ta mort.

ANTIOCHUS

Seigneur, qu'allez-vous faire?

SELEUCUS

Conserver de mon sang la plus belle moitié.

ANTIOCHUS

Que vous m'estes cruel avec vostre pitié!
Pourquoy m'empeschez-vous, Seigneur, de le répandre,
Ce sang que je vous dois & que je veux vous rendre,
Ce sang impetueux que vous m'avez donné,
Qui contre mon repos est tousjours mutiné;
Ce sang qui de mon cœur s'est rendu le complice;
Ce sang qui ne sert plus qu'à nourrir mon supplice,
Et qui par la fureur d'un amour violent
S'est changé tout entier en un poison brûlant;
Car enfin desormais, je ne le puis plus taire,
Cet amour qui me brûle & qui me desespere,
Et qu'eschappé des miens, sans ce que je vous doy,
J'aurois au moins forcé de mourir avec moy.

SELEUCUS

Pers, mon fils, pers enfin cette funeste envie;
Loin de mourir d'amour, tu dois aimer la vie.

ANTIOCHUS

Qui, moy, mourir d'amour? ah, ne le croyez pas,
Ce mal pour grand qu'il soit cause peu de trépas,
Et je ne pense point que par quelque bassesse
On m'ait pû soupçonner d'avoir tant de foiblesse.

SELEUCUS

L'amour est un beau crime & sa douce langueur
N'est pas une foiblesse indigne d'un grand cœur.

ANTIOCHUS

Quoy, vous vous obstinez à croire encor que j'aime?

SELEUCUS

Vous venez à l'instant de le dire vous mesme.

ANTIOCHUS

Ah! je n'ay donc pas sçeu, Seigneur, ce que j'ay dit;
Pour parler sainement j'estois interdit,
Mon mal m'avoit fait perdre & raison & memoire,
Et quoy que j'aye dit, on ne m'en doit pas croire.

SELEUCUS

Je sçay trop que Barsine a charmé tous vos sens,

ANTIOCHUS

Barsine? hé bien, Seigneur, croyez-le, j'y consens.
Croyez que je l'adore, & que je meurs pour elle,
Que la peur de la perdre à mon cœur est mortelle,
Qu'elle cause mes maux, mes langueurs, mes ennuis,
Je veux bien l'avoüer en l'estat où je suis.

SELEUCUS

Cessez d'estre agité d'une crainte inutile,
Quand le mal est connu, le remede est facile.
Consolez-vous, je veux contenter vos desirs,
Finir tous vos chagrins, vous combler de plaisirs;
Pour Stratonice enfin ma bonté vous dispence
De vous faire jamais la moindre violence;
Son cœur, loin qu'il vous aime, ose vous mépriser,
Et vous ne devez plus craindre de l'épouser.

ANTIOCHUS

Hélas!

SELEUCUS

Vous vous plaignez?

ANTIOCHUS

C'est du mal qui me presse;
Mais ce n'est rien, Seigneur, & cette douleur cesse.

SELEUCUS

Je sçay bien que pour vous ce n'est pas faire assez,
De vous faire éviter ce que vous haïssez;

Je vous donne de plus, par un effort extréme,
Barsine qui vous charme encore que je l'aime,
Mon soin l'a disposée à vous rendre son choix,
Et mon cœur vous la cede une seconde fois.
Joüissez d'un bonheur qui jamais ne finisse;
Mais qui vous trouble encor?

ANTIOCHUS

J'apperçoy Stratonice.

SCENE IV

PHILIPE, STRATONICE, SELEUCUS, ANTIOCHUS

BARSINE, ZENONE, CEPHISE, POLICRATE, TIMANTE

PHILIPE

Seigneur, l'instant arrive à mon espoir si doux,
Où l'hymen doit unir Stratonice avec vous;
Et chacun comme moy brûle d'impatience,
Qu'un nœud si saint confirme une heureuse alliancc.

SELEUCUS

C'est un bien que le Prince en peril d'expirer
Avec trop de raison m'oblige à differer.

STRATONICE

Quoy, le Prince est si mal?

ANTIOCHUS

Non, Princesse inhumaine,
Je me porte fort bien, n'en soyez point en peine.
En vain desja ma mort flate vostre desir,
Vous n'aurez pas si tost ce funeste plaisir,
Des portes du trépas Barsine me ramene,
Je vivray malgré vous, & malgré vostre haine,

Je vivray pour joüir long-temps d'un sort bien doux,
Mais enfin je vivray pour une autre que vous.

STRATONICE

Je vous excuse, Prince, & commence à connoistre
Que vous estes plus mal que vous ne croyez estre.
Ce transport contre moy, sans respect, sans raison,
Marque un redoublement plus qu'une guerison;
Et dans ce triste estat, quoy que vous puissiez faire,
J'auray plus de pitié pour vous, que de colere.

ANTIOCHUS

Vous croyez que je souffre? ah, perdez cet espoir,
Si je sens quelque peine, elle vient de vous voir:
Mais afin que vostre ame en soit mieux convaincuë,
Pour ne souffrir plus rien, je veux fuïr vostre veuë.

Il parle à ceux qui luy veulent ayder à marcher.

Non, non, ne m'aidez pas, ne prenez aucun soin,
Aidé de mon dépit, je n'en ay pas besoin.
Je vais ...

Il tombe aux pieds de Stratonice.

STRATONICE

Vous tombez, Prince?

ANTIOCHUS

Ouy, superbe Princesse,
Ouy je tombe à vos pieds, & cede à ma foiblesse;
Mais croyez que du moins cette indigne langueur
M'a mis en cét estat sans l'aveu de mon cœur.

STRATONICE

Prince, je le veux croire, & pour toute vangeance
Vous espargner le soin d'eviter ma presence,
Je voy qu'elle vous nuit, & les cœurs genereux
Ne prennent pas plaisir de nuire aux malheureux.

Elle veut se retirer

ANTIOCHUS

Helas! qu'elle revienne, elle emporte mon ame;

Je n'en puis plus, Timante.

Il tombe en foiblesse

SELEUCUS

Ah, revenez, Madame,
Si vous vous éloignez, mon fils s'en va mourir,
Par pitié de mes pleurs, venez le secourir;
Voyez de quel succez mon attente est suivie,
Desja vostre retour a rapelé sa vie.

ANTIOCHUS

Ah! qu'il est malaisé de pouvoir un seul jour
Déguiser sans mourir un violent amour!
Que mes vœux vangent bien l'ingrate qui me touche!
Que mon cœur est puny de l'orgueil de ma bouche,
Et qu'alors que l'on veut cacher des feux ardants,
Les feintes du dehors coustent cher au dedans!
Helas! que j'ay souffert un rigoureux supplice,
Pour ne pas avoüer que j'aime Stratonice.

STRATONICE

Quoy, Seigneur, vous m'aimez?

ANTIOCHUS

Quoy, je suis entendu,
Et ce nouveau tourment m'estoit encore dû?
Hé bien donc, il est vray, je vous aime, inhumaine,
Contentez vostre orgueil, contentez vostre haine,
Triomphez de mon cœur que vous avez seduit,
Triomphez de la honte où vous m'avez reduit,
Joüissez à longs-traits de la douceur funeste
De voir souffrir l'objet que vostre cœur déteste;
Goustez vostre vangeance, & pour la sentir mieux,
Songez que mon tourment est un coup de vos yeux:
Si ce n'est pas assez, s'il faut ma vie entiere,
Ne vous ennuyez pas, vous n'attendrez plus guere,
Et je sens que mon cœur, avec vos yeux d'accord,
Va vous donner bientost le plaisir de ma mort.
Dans mes derniers soupirs trouvez au moins des charmes.

Mais qu'aperçoise-je? ô Dieux, vous répandez des larmes!
Princesse, est-ce pitié dont vos sens sont émus?

STRATONICE

Ce ne peut estre moins, & c'est peut-estre plus.

ANTIOCHUS

Si vous me dites-vray, que ma mort est heureuse!
Quoy, grace à mes malheurs, Princesse genereuse,
Je ne suis plus haïde ce cœur irrité?

STRATONICE

Il n'est pas mesme seur que vous l'ayez esté.
Je sçay que jusqu'icy j'ay fait tout mon possible
Pour vous paroistre fiere, inhumaine, insensible,
Et qu'il ne m'est jamais rien eschapé pour vous,
Que des marques d'orgueil, de haine, & de couroux.
Mais Prince, vous sçavez, par vostre experience,
Qu'on se trompe souvent à croire l'apparence,
Et venez fraischement d'éprouver en ce jour
Que ce qui semble haine, est quelquefois amour.

ANTIOCHUS

Que par ces mots charmants ma mort est adoucie!

STRATONICE

Et qui vous presse encor d'abandonner la vie?
Vous n'estes point haï.

ANTIOCHUS

Cét aveu m'est bien doux,
Mais, Princesse, le Roy doit estre vostre espoux;
Si je ne vis pour vous, je ne sçaurois plus vivre,
La Foy de nos Traittez à mon pere vous livre,
Et quoy qu'en ma faveur je vous voye attendrir,
Je vous aime, & vous pers, c'est assez pour mourir:
Tout est perdu pour moy si je pers ce que j'aime.

STRATONICE

Ah! Prince, je voudrois dépendre de moy-mesme;

Mais remise au pouvoir de mon Oncle aujourd'huy
Je ne puis estre à vous qu'en m'obtenant de luy.

PHILIPE

Ne soyez point flaté d'une esperance vaine,
Stratonice est venuë icy pour estre Reine;
Prince, au Roy de Syrie elle a promis sa foy,
Vous l'aimez, je vous plains, mais vous n'estes pas Roy;
Si vous estiez au rang où l'on voit vostre pere,
Mon ordre à vos desirs ne seroit pas contraire;
Vous avez des vertus, vous avez des apas,
Mais il luy faut un Sçeptre, & vous n'en avez pas.

SELEUCUS

Non, vous vivrez, mon fils, & vous vivrez pour elle,
Je pretens couronner une flame si belle,
Et puisqu'il faut regner pour estre son espoux,
Mon Sçeptre ne m'est pas si precieux que vous.

BARSINE

Quoy, Seigneur, luy ceder la puissance suprême?

SELEUCUS

Ouy, j'estime mon fils plus que mon Diadême,
La Nature m'engage, au mépris de mon rang,
A dépoüiller mon front pour conserver mon sang;
Et la peine où je suis doit estre plus legere,
A cesser d'estre Roy, qu'à cesser d'estre pere.

BARSINE

De grace, encore un coup, Seigneur, considerez...

SELEUCUS

La Nature l'emporte, & ses droits sont sacrez;
Mon fils entre au tombeau, s'il ne monte à l'Empire;
Et pour me rendre heureux, vostre cœur peut suffire,
Mais, Dieux! quelle froideur témoignez-vous pour moy?

BARSINE

Seigneur, pour tout dire, je suis fille de Roy,

Il me seroit honteux de vivre icy sujette,
Si vous quittez le Sçeptre, agréez ma retraitte;
Mon Oncle regne encor à Pergame aujourd'huy,
Et je vais maintenant retourner prés de luy.

SELEUCUS

Allez, ingrate, allez, je pers enfin ma flame,
Rien ne vous retient plus, vous sortez de mon ame,
Je dédaigne aisément qui m'ose dédaigner,
Et ne veux point d'un cœur, qui n'aime qu'à regner.

ANTIOCHUS

Pour conserver ma vie au desespoir offerte,
Il vous en couste trop, souffrez plustost ma perte.

SELEUCUS

Rien ne me couste trop pour vous sauver le jour,
Regnez, & possedez l'objet de vostre amour:
Mais mon consentement ne vous doit pas suffire.

PHILIPE

Puisqu'il regne, Seigneur, je suis prest d'y souscrire,
Faites que Stratonice approuve aussi ses feux.

STRATONICE

Puisqu'il a vostre aveu, le mien n'est pas douteux.

ANTIOCHUS

Que ces mots sont puissants, adorable Princesse!
Par ce charmant aveu desja tout mon mal cesse,
Je ressens tout à coup ma santé de retour,
Et ne puis plus mourir que de joye & d'amour.

SELEUCUS

De son mal en effet aucun signe ne reste,
Allons en rendre grace à la bonté Celeste,
Et par des nœuds sacrez qui confirment la paix,
Venez tous deux au Temple estre unis pour jamais.

Fin du Cinquiéme & Dernier Acte.

PRIVILEGE DU ROY

LOUIS par la grace de Dieu Roy de France & de Navarre: A nos amez & feaux Conseillers les Gens tenans nos Cours de Parlement, Maistres des Requestes ordinaires de nostre Hostel, Baillifs, Seneschaux, Prevosts, leurs Lieutenans, & autres nos Officiers qu'il appartiendra, Salut. Nostre bien amé Philippes Quinault nous a fait tres-humblement remontrer, qu'il a composé une piece de Theatre, intitulée STRATONICE, qu'il desireroit imprimer: Mais craignant que d'autres Imprimeurs s'ingerent de la réimprimer sans sa permission, pour le frustrer de son travail; C'est pourquoy il Nous a fait supplier luy vouloir accorder nos Lettres necessaires. A CES CAUSES, nous avons permis & permettons par ces presentes audit Exposant, de faire imprimer ladite Piece de Theatre, intitulée Stratonice, par tels Imprimeurs qu'il voudra choisir, en tels caracteres que bon luy semblera, pendant le temps de cinq années, à commencer du jour que ladite Piece sera achevée d'imprimer; Faisant tres-expresses deffences à tous Imprimeurs-Libraires, d'en faire Impression, vendre ny debiter, sans le consentement de l'Exposant, ou de ceux qui auront droit de luy, sous quelque pretexte que ce soit, à peine de quinze cens livres d'amende, payables sans depost par chacun des contrevenans, applicables un tiers à Nous, un tiers à l'Hospital general, & l'autre tiers à l'Exposant, ou au Libraire qu'il aura choisi; & de la confiscation des Exemplaires, & de tous despens, dommages & interests; à la charge d'en mettre deux Exemplaires en nostre Bibliotheque publique, un en celle de nostre Chasteau du Louvre, servant à nostre personne; & un en celle de nostre tres-cher & feal Chancelier le Sieur Seguier Chancelier de France. Si vous mandons & ordonnons que du contenu en ces Presentes, vous ayez à faire joüir l'Exposant, & ceux qui auront droit de luy, sans souffrir leur estre fait ou donné aucun trouble ny empeschement; Au contraire, mandons au premier Huissier ou Sergent sur ce requis, faire pour l'execution des Presentes tous Exploits requis & necessaires, sans demander autre permission. CAR TEL est nostre plaisir. DONNE à Paris le dixiéme jour de Mars, l'An de grace mil six cens soixante: Et de notre Regne le dix-septiéme. Signé, Par le Roy en son Conseil, OLIER. Et scellé du grand Sceau de cire jaune.

Enregistré sur le Livre de la Communauté des Libraires, le vingt-cinquiéme Mars 1660. Signé JOSSE, Scindic.

Ledit Quinault a cedé & transporté son droit du Privilege cy-dessus, à Guillaume de Luyne, Marchand Libraire à Paris, suivant l'accord entr'eux.

Les Exemplaires ont esté fournis.

Achevé d'imprimer ce 15. de May, à Roüen, par
LAURENS MAURRY

PETIT GLOSSAIRE DE QUELQUES EXPRESSIONS "PRECIEUSES" FREQUENTES

apas (*appas*) — pluriel au sens figuré : attraits, charme des femmes, alors que Corneille distingue encore entre *appât* et *appas*, Richelet écrit *apas* dans les deux sens.

ardeur: — chaleur, et au sens figuré, empressement.

cœur: — toujours au sens d'inclination, amour, passion, mais non au sens cornélien de courage. Richelet donne en exemple: le cœur a son langage comme l'esprit a le sien. C'est cette opposition dont Quinault fait usage.

cruauté: — dans le sens d'insensibilité.

feu et *flamme* (*flâme*): — amour, usage poétique courant.

générosité: — grandeur d'âme qui peut comporter le don de soi.

gloire: — réputation, considération, conscience que les femmes ont de leur honneur.

glorieux: — fier, vaniteux.

langueur: — abattement physique et moral.

languir: — mourir d'amour.

soupirs et *soupirer*: — Somaize dans le *Dictionnaire des Prétieuses*, 1660, distingue toute une gamme de soupirs, d'amour, d'ambition, de douleur, d'impuissance et même de joie.

superbe: — au sens latin d'orgueilleux.

On trouve chez Somaize parmi les pseudonymes donnés aux prétieuses : Barcine (Mlle de Beaumesnil) et Stratonice (Mlle Scarron).

TABLE DES MATIERES